# Ciberseguridad

*Una Simple Guía para Principiantes sobre Ciberseguridad, Redes Informáticas y Cómo Protegerse del Hacking en Forma de Phishing, Malware, Ransomware e Ingeniería Social*

# Índice de Contenidos

INTRODUCCIÓN ........................................................................................1

CAPÍTULO UNO: CIBERSEGURIDAD Y POR QUÉ ES IMPORTANTE......4

¿QUÉ ES LA CIBERSEGURIDAD?............................................................ 4

¿POR QUÉ ES IMPORTANTE LA CIBERSEGURIDAD? .............................. 5

ESCENARIOS DE CIBERSEGURIDAD........................................................ 6

TERMINOLOGÍA DE CIBERSEGURIDAD .................................................. 8

HISTORIA DE LOS CIBERATAQUES ...................................................... 13

CAPÍTULO DOS: CIBERATAQUES Y 10 TIPOS DE HACKERS
CIBERNÉTICOS .................................................................................17

CLASIFICACIÓN DE CIBERCRÍMENES .................................................. 18

RAZONES DE LOS DELITOS CIBERNÉTICOS.......................................... 20

TIPOS DE HACKERS CIBERNÉTICOS .................................................... 21

HERRAMIENTAS COMUNES USADAS POR LOS HACKERS ..................... 24

TIPOS DE DELITOS CIBERNÉTICOS ...................................................... 25

CAPÍTULO TRES: RECONOCER Y CONTRARRESTAR UN ATAQUE DE
PHISHING............................................................................................30

¿QUÉ ES EL PHISHING?...................................................................... 30

MÉTODOS UTILIZADOS PARA EL PHISHING.......................................... 31

FORMAS HABITUALES PARA ENFRENTAR LOS ATAQUES DE PHISHING ........... 32

TIPOS DE PHISHING Y CÓMO PROTEGERSE DE ELLOS ......................... 32

IDENTIFICAR UN CORREO DE PHISHING ............................................................. 37

IDENTIFICANDO UN CORREO ELECTRÓNICO FALSIFICADO ............................... 38

**CAPÍTULO CUATRO: CÓMO IDENTIFICAR Y ELIMINAR EL MALWARE**
**..........................................................................................................................42**

TIPOS DE MALWARE ......................................................................................... 43

PROTEGIÉNDOSE DEL MALWARE ....................................................................... 49

**CAPÍTULO CINCO: RECUPERÁNDOSE DEL RANSOMWARE ................. 52**

DEFINIENDO RANSOMWARE .............................................................................. 52

TIPOS DE RANSOMWARE ................................................................................... 54

**CAPÍTULO SEIS: CÓMO DETECTAR Y DETENER UN ATAQUE DE**
**INGENIERÍA SOCIAL .................................................................................. 62**

METODOLOGÍAS DE INGENIERÍA SOCIAL .......................................................... 63

DETECTANDO UN ATAQUE DE INGENIERÍA SOCIAL ........................................... 65

CÓMO EVITAR CAER EN LA INGENIERÍA SOCIAL .............................................. 70

CONSEJOS ......................................................................................................... 70

**CAPÍTULO SIETE: SEGURIDAD DE LA RED Y TÉCNICAS DE**
**PROTECCIÓN ............................................................................................... 73**

SEGURIDAD DE LA RED ..................................................................................... 73

¿CÓMO FUNCIONA LA SEGURIDAD DE LA RED? ............................................... 74

LOS CINCO PRINCIPALES ATAQUES A TRAVÉS DE UNA RED QUE PUEDEN
AFECTAR SU EMPRESA ...................................................................................... 75

PROTEGIENDO A SU EMPRESA DE UN CIBERATAQUE ........................................ 79

CIBERSEGURIDAD MEDIANTE HARDWARE ........................................................ 79

CIBERSEGURIDAD MEDIANTE CONFIGURACIONES Y AJUSTES........................... 81

ALGUNOS CONSEJOS PARA MANTENER LA CIBERSEGURIDAD ......................... 85

**CAPÍTULO OCHO: SEGURIDAD DE APLICACIONES WEB Y**
**TELÉFONOS INTELIGENTES ................................................................... 88**

SEGURIDAD DE APLICACIONES WEB.................................................................. 89

¿CÓMO PUEDE PROTEGER LAS APLICACIONES WEB? ....................................... 91

**CAPÍTULO NUEVE: 9 MÉTODOS DE PRUEBAS DE SEGURIDAD........100**

TIPOS DE PRUEBAS DE SEGURIDAD ................................................................. 101

TIPOS DE PRUEBAS DE PENETRACIÓN.............................................................. 110

CAPÍTULO DIEZ: HABILIDADES NECESARIAS PARA UNA CARRERA EN CIBERSEGURIDAD.................................................................114

    ROLES DE NIVEL INICIAL...............................................................115

    ROLES DE NIVEL MEDIO.................................................................115

    ROLES DE NIVEL SUPERIOR ............................................................115

    CUATRO CARRERAS POPULARES EN CIBERSEGURIDAD Y CÓMO LLEGAR A ELLAS ..........................................................................................116

    CONJUNTO DE HABILIDADES NECESARIAS PARA UNA CARRERA EN CIBERSEGURIDAD..........................................................................122

    HABILIDADES TÉCNICAS ................................................................124

CONCLUSIÓN..................................................................................127

REFERENCIAS.................................................................................129

# Introducción

Internet puede ser el invento más importante del siglo 21, y afecta diariamente la vida de las personas en más formas de las que creen. Todo ha cambiado desde la invención de Internet: la forma en que usted se comunica, juega, compra, trabaja, escucha música, mira películas, paga facturas, pide comida e incluso la forma en que hace amigos. Piense en cualquier cosa que quiera, y es posible que exista una aplicación móvil o basada en la web para ello.

Internet ha hecho que la vida de las personas sea muy cómoda. Ya no necesita hacer cola o escribir un cheque para pagar una factura. Puede hacerlo con solo hacer clic en algunos botones. La tecnología ha avanzado tanto que millones de dispositivos son capaces de conectarse a Internet; la mayoría no necesita estar conectado a su computadora. Existen teléfonos inteligentes, tabletas, etc., a través de los cuales puede mantenerse conectado con sus amigos e incluso trabajar cuando quiera.

Internet no solo ha simplificado las cosas, sino que también las ha hecho rentables debido a cómo se usa no solo por los ricos, sino que por todas las clases sociales. En el pasado, las personas tenían que pensar mucho antes de hacer llamadas internacionales debido a los cargos impuestos por los proveedores de telecomunicaciones. Hoy en día, usted puede usar Internet para realizar llamadas normales y videollamadas a excelentes tarifas, incluso gratis en algunos casos, a cualquier parte del mundo.

Internet también ha cambiado la tasa de adopción de dispositivos tradicionales como la televisión, ya que ahora la gente prefiere ver todo a través de un modelo de suscripción en Internet. La gente ya no usa los teléfonos solo para hacer llamadas, sino para muchas otras actividades, como ver una película, reservar boletos en línea, etc. Internet incluso ha hecho posible trabajar desde casa, lo que es conveniente para los padres, ya que pueden vigilar a los niños pequeños al mismo tiempo. En otras palabras, las personas se han acercado más desde la llegada de Internet.

Sin embargo, Internet también ha dado paso a nuevas formas de crimen, conocidos como delitos cibernéticos. Si bien Internet se convirtió en "el lugar" para que la gente pase el rato y socialice, también ofrece enormes oportunidades a los ciberdelincuentes. Los delincuentes se dieron cuenta que, dado que todo se ha vuelto digital, también debían adaptarse y volverse digitales. No les tomó mucho tiempo comprender que el mundo entero usa los servicios ofrecidos por Internet para actividades como compras, operaciones bancarias, pedidos de comida, etc., y que todos comparten algo en común: transacciones financieras a través de medios digitales. Miles de millones de dólares, libras esterlinas y miles de otras monedas circulan por Internet en estos días, todos los días, y eso es una enorme atracción para los delincuentes, brindándoles una manera alternativa de cometer sus delitos.

Un ladrón ya no necesita entrar a un banco para robar dinero; esto puede hacerse por Internet. Esto provocó la llegada de ciberdelincuentes que cometen crímenes a través de Internet conocidos como ciberdelitos. En este libro, aprenderá sobre todo tipo de ciberdelitos y cómo los delincuentes los implementan.

Si existe una ley en el mundo real para vigilar la actividad delictiva, existen procesos en el mundo digital para mantener los delitos cibernéticos bajo control. La ciberseguridad es un término muy utilizado en Internet, y de eso se trata este libro. Aprenderá acerca de las diversas formas en que puede utilizar la ciberseguridad para combatir los delitos cibernéticos.

Al final del libro, también habrá leído acerca de pruebas de seguridad y las carreras que puede seguir en el campo de la ciberseguridad si usted es un estudiante aspirante o busca cambiar su campo de su profesión actual. Este libro le abrirá los ojos a nuevas posibilidades, y sacará a relucir la versión digital de Sherlock Holmes que reside dentro de usted.

# Capítulo Uno: Ciberseguridad y Por Qué es Importante

## ¿Qué es la Ciberseguridad?

La ciberseguridad, también conocida como seguridad informática, se define como el proceso de asegurar el ICA de la información, donde I significa Integridad, C significa Confidencialidad y A significa Disponibilidad. La ciberseguridad comprende un conjunto de herramientas relevantes, enfoques para la gestión de riesgos, capacitación, tecnologías y métodos para proteger la información, las redes, los programas y los dispositivos contra ataques y accesos no autorizados.

Las siguientes entidades son parte del proceso de ciberseguridad.

### Personas

Las personas son parte de un sistema. Puede ser una universidad o una organización u otra institución. Durante su permanencia en una institución, las personas deben comprender y cumplir con los principios básicos de la seguridad de datos, como usar contraseñas fuertes, estar atentos a los archivos adjuntos de correo electrónico y realizar copias de seguridad de los datos.

### Procesos

Las organizaciones deben contar con ciertos marcos para hacer frente a los ciberataques, tanto a los intentados como a los exitosos. Si una organización tiene incluso un marco bien respetado, puede guiarla en tiempos de un ciberataque. Un marco les ayudará a identificar al atacante, proteger todos los sistemas, estar listos para responder a las amenazas y recuperarse rápidamente en casos de ataques exitosos.

### Tecnología

Sin la tecnología, las organizaciones no tendrían las herramientas necesarias de seguridad informática para protegerse de ciberataques. Hay tres entidades principales para proteger: dispositivos personales de punto final, como dispositivos inteligentes, computadoras y routers, las redes y la nube. Las tecnologías comunes usadas para proteger dichas entidades incluyen firewalls, filtros DNS, soluciones antimalware, soluciones antivirus y soluciones de seguridad de correo electrónico.

# ¿Por qué es importante la ciberseguridad?

Hoy, el mundo depende de la tecnología más que nunca en las últimas décadas. Esto ha resultado en un gran aumento en la creación de datos digitales. Los datos se almacenan en computadoras por personas, empresas, agencias gubernamentales, etc., y son diariamente transferidos hacia otras computadoras a través de una red. Existen lagunas y vulnerabilidades en las computadoras y sus sistemas subyacentes. Estas pueden ser explotadas por un atacante, lo que conduce a la caída de una organización. Por eso la ciberseguridad es vital.

Una brecha en el sistema que permite el acceso de un atacante puede tener consecuencias de gran alcance. La filtración de datos personales puede afectar la reputación de una organización y llevar a una pérdida de confianza con socios y clientes. El robo de código fuente puede costarle a la organización una ventaja competitiva sobre sus rivales. Además, una filtración de datos puede causar pérdidas de ingresos debido al no cumplimiento de prácticas de protección de datos.

En promedio, una violación de datos puede costarle a una organización hasta 3,6 millones de dólares. Por otra parte, las violaciones de datos de alto perfil aparecen se pueden extender por los titulares como la pólvora, lo que resulta en un golpe a la reputación de la empresa. Es por esto que las organizaciones deben implementar un enfoque sólido y poderoso de la ciberseguridad.

# Escenarios de Ciberseguridad

Esta sección analiza la necesidad de la seguridad informática. Pasará por algunos escenarios comunes en donde la ciberseguridad es usada en el mundo actual.

### Escenario para Organizaciones

Trate de imaginarse una organización con el último equipamiento de TI para satisfacer todas sus necesidades digitales para que su empresa funcione sin problemas. Es crítico que esta infraestructura de TI esté en funcionamiento las 24 horas del día. La organización también debe asegurarse de que la identidad de los datos, la red, el equipamiento y los productos estén protegidos, excepto la red de acceso público y las identidades de los datos. Sin embargo, los datos públicos en sí deben estar cifrados y seguros. Todas las organizaciones se han vuelto digitales, y por lo tanto hay una combinación de varias tecnologías trabajando en conjunto para impulsar las metas y los objetivos de una organización. La digitalización también extiende los límites de la organización, aumentando así su conectividad. La conectividad es, por supuesto, una ventaja hoy en día, pero puede ser perjudicial para la organización.

Tres macro aspectos definen la digitalización y la conectividad:

- Identidad - Este es un aspecto a través del cual los usuarios pueden interactuar.

- Datos - Estos son datos relacionados con el usuario, la empresa, el sistema o el cliente.

- Red - Esta es la parte donde todos están conectados y restringidos mediante niveles de acceso.

Estas tres macro entidades están conectadas a través de equipos, software y procesos comerciales. Como ya se mencionó, una organización controla el nivel de acceso que un usuario puede tener para crear, ver o modificar datos a través del acceso desarrollado para una identidad. Además, los datos, ya sea en reposo o en movimiento, también deben ser protegidos. Y finalmente, no hace falta decir que el perímetro de la red para esta infraestructura, ya sea en forma física o en la nube, requiere seguridad.

### El Escenario Donde Todo se Traslada hacia la Nube

¿Qué es la nube? La nube es un espacio común en Internet donde todos sus datos pueden ser almacenados en lugar de tener que almacenarlos localmente. La mayoría de las organizaciones están rápidamente trasladando todos sus datos hacia la nube. Esto ocurre porque los servidores basados en la nube ofrecen mejor potencia informática, y el costo de almacenar datos en la nube es menor que el de almacenarlos localmente. Otro beneficio de la infraestructura basada en la nube es que es escalable. Esto significa que sus parámetros como la RAM, potencia informática y espacio de disco pueden ser expandidos sobre la marcha.

Con Internet, el mundo se está volviendo más pequeño, y las organizaciones han comenzado a colaborar a una escala global, y la computación en la nube debe ser reconocida por esto. Atrás quedaron los días en que los empleados se sentaban en una oficina y trabajaban. Actualmente, los trabajadores prefieren trabajar desde ubicaciones remotas, lo que elimina la necesidad de una oficina física.

La infraestructura en la nube también elimina la carga de los equipos locales de TI de vigilar constantemente las actualizaciones de software y de hardware.

La infraestructura en la nube definitivamente ha traído una nueva era de más velocidad, control, precisión, potencia y disponibilidad, pero también la acompañan muchos riesgos de seguridad. La infraestructura en la nube no es diferente con respecto a la seguridad, y pueden ocurrir desastres si la infraestructura no está protegida de manera adecuada. La mayor ventaja de la infraestructura en la nube es que no es necesario que una organización posea o mantenga dicha infraestructura. Sin embargo, esta bendición va acompañada de inquietudes como por ejemplo ¿cómo la protege? ¿Quién tiene acceso a los datos presentes en la nube? ¿Cómo logra que la nube cumpla con las regulaciones gubernamentales como PCI o GDPR?

El modelo de negocio de proveedor de servicios también rige la política de recuperación ante desastres en torno a la infraestructura en la nube, y, por lo tanto, una organización debe estar actualizada al respecto. La organización no tiene nada que decir sobre la ubicación del centro de datos del proveedor de servicios. Existen varios otros riesgos y desafíos relacionados al uso de la infraestructura en la nube, los que serán discutidos en los próximos capítulos.

# Terminología de Ciberseguridad

Varios términos son usados a lo largo de este libro para referirse al campo de la ciberseguridad. Es importante cubrir dichos términos en el primer capítulo para que esté familiarizado con ellos cuando empiecen a hacer apariciones posteriores. Estos términos se relacionan con todos los dispositivos que se usan en la actualidad, el software en dichos dispositivos, la infraestructura de red a la que se conectan los dispositivos, etc. Ahora revisará estos términos individualmente.

## Nube

Internet está hecho de nubes, y no aquellas que están en el cielo. La computación en la nube es una tecnología que permite a los usuarios acceder a sus archivos desde cualquier parte del mundo. La nube es una red de computadoras que almacenan datos que pueden ser accedidos remotamente con un dispositivo inteligente. Los ejemplos más comunes de una nube son sus correos electrónicos. Están almacenados en un conjunto de computadoras distribuidas por Internet, y accede a ellos desde cualquier parte siempre que tenga las credenciales necesarias. Otro ejemplo sería algo como una lista de reproducción de Spotify que creó usando su teléfono móvil, pero también puede acceder a la misma lista de reproducción desde otro dispositivo como una computadora portátil cuando ingresa usando la misma cuenta.

## Software

El software puede definirse como instrucciones que le dicen a una computadora qué hacer. Estas instrucciones son puestas en un paquete conocido como software, el cual el usuario puede instalar y comenzar a usar. Uno de los ejemplos de software más comunes es Microsoft Office, el cual se usa para crear documentos, presentaciones, etc. Las aplicaciones de su teléfono móvil también son software que usa para diversos fines. Por ejemplo, WhatsApp Messenger es la aplicación más utilizada para enviar mensajes.

## Dominio

Un dominio es una matriz para dispositivos secundarios que están interconectados, como computadoras, teléfonos inteligentes, impresoras, etc. Por ejemplo, todas las computadoras en un lugar de trabajo son parte de un dominio perteneciente a la organización. Existen políticas definidas en el marco del dominio que rigen el tipo de acceso que los dispositivos tendrán bajo ese dominio.

### Dirección IP

Una dirección IP es una dirección digital asignada a un dispositivo inteligente por una red, la que puede ser una red local o Internet. A cada dispositivo conectado a una red se le asigna una dirección IP. Esa dirección IP es usada por otros dispositivos para localizar y comunicarse entre sí.

### Red Privada Virtual (VPN)

Una red privada virtual es una red sobre la que puede permanecer anónimo. Se le asigna una IP que pertenece a una región diferente, y todas sus acciones por Internet se registran a través de esa IP, manteniendo escondida su IP original. Las aplicaciones de VPN también cifran el tráfico por usted, por lo que el proveedor de servicios de Internet o el gobierno no pueden seguir sus actividades en línea. Las organizaciones también usan las VPN para mantenerlo conectado a la red de la oficina si quiere acceder a la red de la oficina desde afuera. Esto ha ganado mucha popularidad recientemente, ya que ayuda a una persona a trabajar desde casa o remotamente.

### Exploit

Un exploit se define como un fragmento de código malicioso que puede usarse para aprovechar una vulnerabilidad o un vacío en una computadora o un servidor. Los virus, troyanos, botnets, etc, se utilizan para ejecutar un exploit en un sistema objetivo.

### Brecha

El momento en que un atacante aprovecha la vulnerabilidad de un sistema y obtiene acceso se conoce como brecha.

### Firewall

La tecnología usada para crear reglas para un sistema, de modo que se pueda filtrar el tráfico entrante y saliente, se conoce como firewall. Los firewalls pueden implementarse usando tanto hardware como software.

## Malware

Malware es un término amplio o término genérico que incluye cualquier software malicioso que puede dañar una computadora. Los tipos más comunes de malware son los virus, gusanos, troyanos, ransomware, etc.

## Virus

Un virus se define como un malware que puede dañar ciertos programas en una computadora. Puede continuar replicándose y extenderse a múltiples archivos y redes de computadoras. Necesita un archivo host y no puede ejecutarse por sí mismo. Se sabía que los virus solo afectaban al software, pero han evolucionado en los últimos años incluso para causar daños físicos al hardware.

## Ransomware

El ransomware es un tipo de malware que cifra todos los datos de su computadora y evita que pueda acceder a ellos. El atacante que implementó el ransomware le dejará una aplicación a través de la cual debe realizarle un pago, tras lo cual los archivos serán automáticamente descifrados. En 2017, un ransomware conocido como WannaCry infectó a todas las máquinas basadas en Windows.

## Caballo de Troya

Un caballo de Troya es como un virus, pero no se ejecuta por sí mismo. Por lo general está enmascarado y se esconde debajo de un archivo, que puede ser importante para un usuario. Por ejemplo, un usuario puede recibir un PDF con el contenido que esperaba, pero al mismo tiempo, hacer clic en ese PDF activa un script malicioso. Esta implementación se conoce como un caballo de Troya.

## Gusano

Un gusano es un fragmento de código malicioso capaz de replicarse a sí mismo por una red. Puede que no necesariamente infecte un archivo como lo hace un virus, pero puede hacer algo molesto como consumir el ancho de banda de la red y negar el ancho de banda al usuario.

## Bot o Botnet

Un Bot es una aplicación maliciosa que puede ser plantada en una red de computadoras, permitiendo a un atacante tomar control remotamente de toda la red. La colección de computadoras en la cual se plantan los bot se denomina un botnet. El botnet es controlado por un atacante conocido como un bot herder.

## DDoS

DDoS es la sigla en inglés de Denegación de Servicio Distribuido y es una forma de ciberataque. El motivo de un ataque DDoS es inundar una red con tráfico malicioso, de tal forma que las solicitudes genuinas de un sitio web no puedan ser acomodadas en el ancho de banda. Los ataques DDoS a menudo se ejecutan implementando botnets.

## Phishing y Spear Phishing

Esta es una técnica usada por los atacantes para extraer información. Los ejemplos más comunes de esto son correos electrónicos enviados a usuarios desprevenidos, que pueden parecer legítimos, pero tendrán enlaces que los redireccionarán a otro lugar. Por ejemplo, si tiene una cuenta con Citibank, el remitente del correo electrónico podría tener una dirección como algo@citibanks.com, agregando una S extra. Un usuario inocente podría creer que es legítimo, y puede terminar haciendo clic en un enlace en el que no deberían. Estos enlaces pueden solicitarle ingresar detalles de su cuenta e incluso contraseñas de inicio de sesión que serán grabadas por el atacante.

## Cifrado

El proceso de codificación de datos usando un algoritmo conocido para que nadie pueda acceder a ellos, excepto alguien con una clave de decodificación, se llama cifrado.

### Traiga Su Propio Dispositivo (BYOD)

Esta es una política implementada por muchas organizaciones que sugieren que los trabajadores pueden usar sus dispositivos personales para negocios. Una política BYOD tendrá restricciones de acceso con respecto a si el dispositivo puede o no conectarse a la red corporativa.

### Prueba de Penetración

Una prueba de penetración, también conocida como pen-test, es el proceso de usar herramientas y técnicas de ataque para evaluar la seguridad de la infraestructura de una organización. Equipos internos o expertos externos son contratados para llevar a cabo la prueba para descubrir vulnerabilidades en la infraestructura de la organización, para así poder repararlas antes de encontrarse con un ataque real.

### Clickjacking

Este es un ataque que engaña al usuario para que haga clic en un enlace o botón, que parece genuino, pero tiene scripts maliciosos incrustados.

Este libro solo ha cubierto la punta del iceberg en lo que respecta a terminología de ciberseguridad, pero esto servirá como plataforma de lanzamiento para una mejor comprensión.

# Historia de los Ciberataques

En esta sección, revisará algunos de los ciberataques más conocidos de la historia. El ciberespacio es una comunidad abierta donde todos están conectados y pueden llegar a cualquiera sin importar el tiempo o la distancia. En la actualidad puede ser llamado una forma de vida, pero si no se utiliza con cuidado, tiene consecuencias. Existen personas notorias en el mundo que usan el ciberespacio para atacar sitios web pertenecientes a bancos, redes sociales que contienen una mina de oro de información de usuarios, e incluso gobiernos. Aquí hay algunos ciberataques modernos.

### El Proyecto SpamHaus

SpamHaus es un servicio público en Internet que ayuda a filtrar correos spam basándose en su contenido o en la reputación de su origen. El ataque a SpamHaus se considera como el ciberataque más grande de la historia, donde fueron atacados usuarios de routers de banda ancha domésticos y comerciales. Los atacantes tomaron el control de estos routers, y todos estos usuarios se convirtieron en participantes involuntarios del ataque. Millones de proveedores de servicios de correo electrónico usan SpamHaus para filtrar los correos spam de Internet. El 18 de marzo de 2013, SpamHaus incluyó en su lista negra a una empresa llamada Cyberbunker, lo que trajo pérdidas a dicha compañía. Cyberbunker y otras empresas de hosting tomaron represalias al contratar hackers quienes liberaron botnets explotando routers de banda ancha para desactivar la red SpamHaus.

### Sony Playstation

En 2011, un grupo de hackers robó información como los detalles de tarjetas de crédito y datos de usuarios de 77 millones de usuarios. Esto le costó a Sony alrededor de dos mil millones de dólares en daños. Otro punto negativo para la empresa ocurrió cuando los hackers podían acceder continuamente a la red de Sony utilizando los datos de inicio de sesión de los jugadores, incluso cuando la empresa intentaba solucionar el problema. Todo este ataque duró veinticuatro días.

### PayPal

En diciembre de 2010, PayPal se convirtió en víctima de un ciberataque. Esto ocurrió inmediatamente después de que PayPal bloqueara la cuenta para recaudación de fondos de WikiLeaks, citando la violación de la política de uso aceptable de PayPal. Múltiples usuarios boicotearon PayPal debido a esto, y muchos hackers comenzaron a atacar a PayPal.

### Hackeo al Gobierno Canadiense

En febrero de 2011, el gobierno canadiense reveló a través de múltiples canales de noticias que habían sido víctimas de hackeos realizados desde IPs que podían rastrearse hasta China. Los atacantes pudieron acceder a tres departamentos del gobierno canadiense, y robaron datos de dichos departamentos. El ataque fue finalmente detenido al cortar el acceso a Internet a esos tres departamentos, deteniendo completamente la transmisión de datos hacia China.

### 4chan

4chan es un sitio web en inglés usado para publicar imágenes y discutir anime y manga japonés. Fue lanzado en octubre de 2003 por un estudiante de quince años de Nueva York llamado Christopher Poole. Se permitía a los usuarios publicar anónimamente, lo que resultó ser un inconveniente para el sitio. Un usuario, Hal Turner, afirmó que fue blanco de ataques DDoS y bromas telefónicas realizadas a su programa de radio en 2006. En 2008, un usuario anónimo de 4chan hackeó la cuenta privada de correo Yahoo de Sarah Palin, una candidata para las elecciones vicepresidenciales.

### Citigroup

Citigroup es una de las instituciones financieras más grandes del mundo. Esto por sí solo fue suficiente incentivo para que notorios atacantes apuntaran a su red, ya que mucha información confidencial y valiosa fluía a diario a través de ella. Un ataque en 2011 a la red de Citigroup llevó al robo de información de más de 200.000 clientes, incluyendo información de contacto e información de las cuentas. La compañía sufrió un daño monetario de 2,7 millones de dólares por este ataque.

### Michael Calce

En el año 2000, un chico de quince años llamado Michael Calce, conocido popularmente en el ciberespacio como "Mafiaboy", ganó la atención por hackear empresas de alto perfil como el gigante informático Dell, Fifa.com, Yahoo, Amazon, CNN y eBay, causando daños avaluados en 1,2 mil millones de dólares. También atacó nueve de los trece servidores de nombres raíz del espacio de dominio de Internet. Al ser un menor, Calce se salió con la suya recibiendo solo ocho meses de custodia abierta, un año de libertad condicional y una pequeña multa. El Tribunal Juvenil de Montreal tampoco le permitió poseer ningún dispositivo capaz de conectarse a Internet por ocho meses.

# Capítulo Dos: Ciberataques y 10 Tipos de Hackers Cibernéticos

El Internet que usted conoce hoy nació en la década de 1960, y solo era accesible para unos pocos científicos, investigadores y los Departamentos de Defensa en ese momento. Sin embargo, la base de usuarios de Internet ha evolucionado exponencialmente desde entonces. En los primeros días, un ciberdelito se describía como daño físico a una computadora y su infraestructura. Esta definición de ciberdelito cambió en la década de 1980 para incluir el uso de virus que causaría el mal funcionamiento de una computadora.

El efecto del cibercrimen era marginal en ese entonces, ya que Internet se limitaba principalmente a ambientes de defensa, grandes organizaciones y comunidades investigadores. Internet se lanzó para uso público en 1996, y fue instantáneamente popular con las masas hasta el punto de que cambió sus vidas. La interfaz gráfica de usuario para Internet estaba diseñada de manera simplista, haciendo más fácil para los usuarios entender las funcionalidades y características de Internet. La vida era simple, y los usuarios solo debían hacer clic en hipervínculos o escribir una URL en el navegador sin tener que pensar de dónde venían los datos en sus navegadores. No tenían que preocuparse si alguien más tenía acceso a los datos o si los datos que habían recibido fueron espiados o alterados por un atacante. A medida que Internet evolucionó, el enfoque del cibercrimen pasó de simplemente dañar físicamente una computadora o interferir los datos a cometer delitos financieros.

Internet estaba en su apogeo en 2013, y la tasa a la cual se cometían delitos cibernéticos aumentaba rápidamente. Veinticinco computadoras se volvían víctimas cada segundo, y un estimado de 900 millones de usuarios ya habían sido víctimas de cibercrímenes. Dado que casi todos en el mundo ahora poseen un teléfono inteligente, el número de víctimas ha aumentado enormemente.

# Clasificación de Cibercrímenes

La mayoría de los ciberdelincuentes atacan organizaciones, ya que la mayoría de las organizaciones mantienen una base de datos o un servidor con grandes cantidades de datos sensibles acerca de sus trabajadores y clientes. Un cibercriminal puede ser un extraño o un empleado de la organización. Puede clasificar los delitos cibernéticos en dos tipos según este criterio.

### Ataque Interno

Un ataque a un sistema o infraestructura por alguien que ya tiene acceso a él es un ataque interno. El atacante, en este caso, es un empleado o consultor trabajando en la organización. Estos atacantes realizan el hackeo por varias razones, como la codicia y la venganza. Alguien de adentro puede realizar fácilmente un ataque al sistema dado que él o ella está al tanto de la infraestructura, políticas y debilidades del sistema de seguridad. Este individuo también tiene acceso a la red de la organización. Por lo tanto, es relativamente fácil para alguien de adentro robar información o dañar la infraestructura. Esta persona a menudo encuentra una ventana de oportunidad para un ataque, especialmente cuando se les asignan nuevos roles en la organización. Por ejemplo, cuando una empresa desarrolla una nueva aplicación, puede no contar con los controles o políticas necesarias para proteger los datos en la aplicación. El atacante puede usar esta vulnerabilidad para perpetrar el hackeo. Los ataques internos pueden detectarse y prevenirse instalando sistemas de detección de intrusiones internamente dentro de la organización.

## Ataque Externo

Los ataques externos surgen cuando alguien dentro o fuera de la organización contrata un hacker para atacar la red y los sistemas de la organización. Los ataques externos son ejecutados para causar pérdidas financieras y reputacionales a una organización. Un ataque externo necesita mayor planificación e investigación en comparación con un ataque interno. Todo ataque externo pasa por las siguientes etapas:

- Planificación
- Reconocimiento
- Escaneo
- Obtener Acceso
- Mantener el Acceso

Si el administrador de red de la organización es experimentado, él o ella constantemente verifica los registros del firewall y escanea los sistemas y la red para identificar vulnerabilidades. La organización también puede usar sistemas de detección de intrusiones para detectar y prevenir ataques externos.

Además de los ataques internos y externos, existen dos tipos más de ciberataques: estructurados o no estructurados. Esta clasificación se basa en la experiencia del atacante. La mayoría de las personas clasifican estos ataques como ataques externos, pero hay casos donde un empleado ha efectuado ataques estructurados a la organización para beneficio personal. Este tipo de ataques a menudo son realizados por empresas rivales. Pueden enviar a uno de sus trabajadores a la empresa y pedirle que recolecten información de dicha compañía. Esto se conoce como espionaje corporativo.

### Ataques No Estructurados

Un ataque perpetrado por un atacante aficionado sin ningún motivo predefinido se clasifica como un ataque no estructurado. Estos ataques a menudo se ejecutan usando una herramienta de penetración fácilmente disponible en Internet. El atacante puede usar esta herramienta en la red de la empresa.

### Ataques Estructurados

Un ataque estructurado es planificado y ejecutado cuidadosamente por un profesional experimentado y habilidoso con objetivos claros. Los atacantes tienen acceso a herramientas y tecnologías poderosas que les ayudan a acceder al sistema o red objetivo sin ser detectados por un sistema de detección de intrusiones. Además, un atacante también tiene el conocimiento necesario para modificar una herramienta existente para adecuarla a los requerimientos específicos del ataque.

# Razones de los Delitos Cibernéticos

Un atacante puede optar por hackear un sistema o red de una organización por múltiples razones. Las siguientes son algunas razones comunes por las que ocurren los delitos cibernéticos.

### Dinero

Los atacantes cometen delitos cibernéticos para obtener dinero, ya que es una manera fácil y rápida de obtener dinero. Usan métodos de hackeo como phishing y suplantación de identidad, para engañar a alguien para que revele la información de su cuenta. El atacante puede usar esta información para transferir los fondos desde la cuenta de la víctima hacia la propia.

### Venganza

Algunos atacantes pueden querer cobrar venganza contra otro individuo, organización, religión o gobierno. Pueden optar por hackear a estas entidades para causar pérdidas financieras y físicas.

Esta forma de ataque se conoce como ciberterrorismo. Algunos atacantes hackean sistemas y redes cuando quieren probar una nueva herramienta o software. El único objetivo de tal ataque es entender cómo funciona la nueva herramienta o software.

### Reconocimiento

Algunos atacantes optan por atacar para obtener popularidad. Pueden hackear a un organismo de defensa o a una gran organización para hacerse un nombre: el anonimato.

Los ciberdelincuentes pueden garantizar su anonimato cuando realizan un ataque. Es extremadamente fácil para los ciberdelincuentes salirse con la suya con su ataque, ya que nadie sabe cómo rastrear el ataque hacia el delincuente. Este anonimato, a veces, incluso ha motivado a ciudadanos respetables a cometer un delito cibernético para beneficio personal.

### Espionaje Cibernético

Algunos gobiernos pueden optar por pasar por alto la ley de privacidad de datos y rastrear todo lo que hacen sus ciudadanos. Pueden optar por hacer esto por razones políticas o económicas.

# Tipos de Hackers Cibernéticos

Los hackers son curiosos acerca de cómo funcionan las redes y los sistemas informáticos. Son expertos en codificación y programación, ya que hacen todo lo posible para perfeccionar sus habilidades de programación. Dado que los hackers atacan un sistema operativo, aprenden más sobre los diferentes tipos de sistemas y encuentran su camino alrededor del sistema para identificar cualquier vulnerabilidad.

Estos son los tipos de hackers más comunes.

*Hackers de Sombrero Blanco*

Los hackers que tienen certificaciones y están autorizados a realizar pruebas de penetración para una organización o un gobierno para identificar vulnerabilidades en sus sistemas informáticos son los hackers de sombrero blanco, o también conocidos como hackers éticos o expertos en ciberseguridad. Son parte del equipo de seguridad en una organización, y su trabajo es prevenir un ataque al sistema y a la red de la organización. Cumplen con las reglas de enfrentamiento establecidas por la organización o el gobierno.

*Hackers de Sombrero Negro*

Los hackers de sombrero negro, también conocidos como crackers, quieren acceder a su sistema y red y robar, manipular o destruir sus datos. Implementan prácticas comunes de hackeo para sus ataques. Son infractores de la ley o delincuentes, y es fácil distinguir entre un hacker de sombrero blanco y uno de sombrero negro basándose en sus objetivos.

*Hackers de Sombrero Gris*

Estos son hackers que caen en un espectro entre los hackers de sombrero blanco y de sombrero negro. Dado que no están certificados como expertos en ciberseguridad, pueden optar por trabajar en favor o en contra de la organización. Los motivos del hacker determinan si es un hacker de sombrero blanco o de sombrero negro.

*Script Kiddies*

Los script kiddies son conocidos por ser las personas más peligrosas en el mundo hacker, ya que carecen de experiencia y conocimiento. Usan cualquier herramienta maliciosa o software disponible en Internet sin aprender para qué se usa. Tampoco tienen idea acerca del daño que pueden causar a la red o al sistema. Atacan computadoras y redes con la intención de marcar su presencia en el mundo hacker.

*Hackers de Sombrero Verde*

Los hackers de sombrero verde también son aficionados al mundo hacker, pero existe una diferencia entre ellos y los script kiddies. Tienen poco conocimiento sobre el hackeo y trabajan en desarrollar las habilidades necesarias para hackear, ya que les apasiona convertirse en hackers profesionales. Se inspiran en otros hackers y se mantienen en contacto con ellos para aprender a hackear.

*Hackers de Sombrero Azul*

Los hackers de sombrero azul son script kiddies que tienen algo de conocimiento acerca de hackear. Se diferencian de los hackers de sombrero verde ya que efectúan hackeos con intenciones maliciosas. Sin embargo, no tienen intención de desarrollar las habilidades necesarias para llevar a cabo el ataque.

*Hackers de Sombrero Rojo*

Los hackers de sombrero rojo, también conocidos como hackers ojo de águila, son como los hackers de sombrero blanco. Hacen todo lo posible para contrarrestar cualquier ataque perpetrado por hackers de sombrero negro. La diferencia es que los hackers de sombrero rojo son despiadados y destruyen la red y los sistemas usados por los hackers de sombrero negro.

*Hackers Patrocinados por el Estado*

Como sugiere el nombre, un país o estado contrata a estos hackers para hackear otros países o los sistemas de otros estados para extraer información referente a la defensa. Están en la nómina del estado.

*Hacktivista*

La versión en línea de un activista se conoce como hacktivista. Son hackers anónimos, y atacan a sistemas gubernamentales por razones sociales y políticas.

*Denunciante*

Un trabajador de un gobierno o una organización que siente que su institución no es ética y realiza actividades ilegales puede optar por denunciarlo en contra de su conciencia. También puede hacer esto para beneficio personal. Este tipo de hacker se conoce como denunciante.

# Herramientas Comunes Usadas por los Hackers

Los hackers usan numerosas herramientas para ejecutar el ataque perfecto. Las siguientes son las herramientas más comunes en el maletín de un hacker.

*Rootkit*

Un rootkit es una aplicación o un conjunto de herramientas que permite a los hackers obtener control remoto de una computadora o red de computadoras conectada a Internet. El rootkit fue desarrollado originalmente para abrir puertas traseras en cualquier software para que pudiera ser reparado o actualizado con parches. Los hackers ajustaron esta aplicación para satisfacer sus necesidades. Ahora usan esta herramienta para controlar el sistema operativo.

Los rootkits pueden ser instalados de varias maneras en un sistema objetivo. Los métodos más populares son el phishing y la ingeniería social. Una vez que los rootkits han sido instalados en un sistema objetivo, el hacker puede controlar ese sistema. Pueden destruir o robar información confidencial de ese sistema.

*Keyloggers*

Los keyloggers son herramientas capaces de grabar cada tecla presionada en el teclado. Los keyloggers se adhieren a la interfaz de programación de aplicaciones de cualquier aplicación, y registran cada pulsación de tecla hecha por el usuario cuando accede a la aplicación. Las pulsaciones grabadas son guardadas en un archivo que contiene datos sensibles, como nombres de usuario, contraseñas, URL de sitios web, aplicaciones abiertas, etc.

Los keyloggers dan miedo, ya que pueden grabar detalles de tarjetas de créditos, números de teléfonos móviles, mensajes personales escritos en aplicaciones de correo electrónico, etc. siempre que se hayan escrito usando el teclado. Los keyloggers son plantados usando malware como caballos de Troya en la computadora de un objetivo.

*Escáneres de Vulnerabilidades*

Como indica su nombre, un escáner de vulnerabilidades se usa para escanear redes y sistemas computacionales para identificar vulnerabilidades o brechas. Los hackers éticos suelen utilizar esta herramienta para identificar las lagunas en un sistema para que puedan ser reparadas lo antes posible. Los hackers de sombrero negro también aprovechan los escáneres de vulnerabilidades para descubrir debilidades en el sistema o la red de un objetivo para explotarlas.

# Tipos de Delitos Cibernéticos

También es importante entender los delitos que una persona puede cometer usando plataformas digitales, como computadoras e Internet. Estos son los diversos tipos de delitos informáticos que cometen las personas en la actualidad.

*Ciberacoso*

Cuando alguien usa Internet para acechar a otra persona, acosarla o amenazarla, es un ciberacoso. Un ciberacosador a menudo usa aplicaciones como correo electrónico, mensajería en línea, sitios web de redes sociales, etc., para ejecutar el ciberacoso. Estos medios ofrecen anonimato. El ciberacoso incluye actividades como el acoso sexual, el seguimiento de la vida privada de alguien, acusaciones falsas, etc.

### Fraude/Falsificación

Falsificar documentos es un delito. Con las aplicaciones avanzadas disponibles hoy en día, es fácil crear un documento que se vea exactamente como el original. Se vuelve difícil diferenciar entre el documento correcto y el falso a menos que sea un experto.

### Pornografía Infantil

Poseer, cargar o descargar el contenido sexual de un menor es un ciberdelito. Múltiples sitios de Internet promueven la pornografía infantil y explotan a muchos menores en el mundo.

### Ciberterrorismo

Algunas personas usan recursos digitales para esparcir odio contra una religión, país, etc. Este es un acto de terrorismo y se conoce como ciberterrorismo.

### Piratería

El contenido se encuentra disponible digitalmente en la actualidad y puede ser fácilmente copiado y distribuido a través de Internet. La distribución de contenido que pertenece a alguien más es ilegal. Por ejemplo, la distribución ilegal de películas o música a través de Internet se clasifica como piratería y es un ciberdelito.

### Vandalismo Informático

La destrucción de recursos digitales, ya sea usando métodos físicos o código malicioso, es vandalismo informático y es un ciberdelito.

### Phishing

El phishing es el proceso de engañar a alguien para que revele su información confidencial, como detalles de una cuenta bancaria, por correo electrónico. El atacante envía un correo que se asemeja a los correos enviados por un banco u otra institución financiera usando un dominio similar al dominio del banco. El atacante puede pedirle a la víctima que provea información confidencial, como su número de cuenta, contraseña, etc. El atacante puede usar esta información para transferir fondos desde la cuenta de la víctima hacia la propia. Si el atacante ejecuta el ataque usando un teléfono, se conoce como vishing o phishing de voz.

### Hacking

El hacking es el acto de acceder a una computadora que no le pertenece para robar, modificar o destruir datos presentes en ella. El motivo de realizar un hackeo puede ser político o social.

### Difusión de Malware

Algunos hackers usan diferentes sitios web para difundir malware. Pueden hacerlo por diversión o con ciertos objetivos. El malware puede destruir sistemas y generar pérdidas financieras para una empresa o persona. Las pérdidas incluyen el costo de reparar el sistema y los datos destruidos. Si el hacker es descubierto, la empresa puede demandarlo por daños y perjuicios.

### Cross-Site Scripting

Algunos hackers notorios inyectan un script del lado del cliente en el código del sitio web. Un usuario inocente que visita este sitio web termina ejecutando este script, y el script escanea las cookies en la red del usuario. El script usa las cookies para recolectar información confidencial y transferir dicha información al sistema del atacante. El atacante puede usar esta información para obtener acceso a la computadora o a las sesiones del usuario en un sitio web y usarlo para explotar financieramente al usuario.

### Spamming

El acto de enviar correos electrónicos masivos no deseados e innecesarios a través de Internet se conoce como spamming. Un correo electrónico puede ser llamado como spam si es uno de los siguientes:

- Anónimo: El remitente se mantiene anónimo.

- Correo Masivo: El remitente envía un correo a múltiples usuarios.

- Correo electrónico no solicitado: El remitente no solicitó el correo electrónico.

Los correos spam no solo congestionan la bandeja de entrada de la víctima, sino que también congestionan la red.

*Ciberocupación.*

El acto de registrar un dominio usando la marca registrada de otra organización con la intención de luego venderla a la organización a la cual le pertenece por un alto costo es la ciberocupación.

*Fraudes en Subastas en Línea*

Varios sitios web en Internet llevan a cabo subastas en línea, y los cibercriminales se aprovechan de estos sitios web. Clonan el sitio, y cualquier pago realizado durante la subasta va a la cuenta del hacker.

*Robos de Tiempo en Internet*

Los robos de tiempo en Internet son principalmente un crimen del pasado donde un atacante roba los detalles del Proveedor de Servicios de Internet (ISP) de un usuario, y usa dicha información para navegar por Internet a costa de su tiempo. Esto significa que al usuario se le cobra por el tiempo que pasa en Internet.

*Secuestro Web*

Un secuestro web es cuando un atacante hackea el sitio web de una organización para mostrar información irrelevante. También pueden usar esta oportunidad para crear conciencia sobre las actividades de la organización. El secuestro web sirve a intereses políticos, sociales o económicos.

*Ataque de Denegación de Servicio*

DoS o Denegación de Servicio es cuando el atacante inunda una red con tráfico innecesario, de tal forma que un sitio web o un dominio se vuelva inaccesible.

### Suplantación de Correo Electrónico

Los hackers manipulan los encabezados de un correo electrónico, por lo que no muestra la fuente. Esto se hace para engañar al destinatario para que revele información confidencial.

### Ataque de Salami

Un ataque de salami es marginal por naturaleza y puede pasar desapercibido por un largo periodo. Un ejemplo de un ataque de salami es cuando el atacante apunta a cuentas bancarias de múltiples personas para retirar un centavo todos los días de cada cuenta. Los usuarios no se darían cuenta, pero un centavo de las cuentas bancarias de múltiples usuarios a lo largo de muchos días puede equivaler a una gran cantidad de dinero en unos pocos meses o años. Los bancos ahora monitorean cualquier retiro inusual y notifican al usuario acerca de la transacción.

### Manipulación de Datos

El acto de manipular datos antes de ingresarlos en un sistema informático es corresponde a manipulación de datos. Por ejemplo, un atacante puede cambiar el salario que debe recibir de la empresa el día del cálculo de las nóminas. Pueden recibir un salario más alto de la empresa, pero el informe de la compañía informa que se les pagó el monto correcto.

### Bombas Lógicas

El código malicioso inyectado en software genuino se conoce como bomba lógica. El código malicioso se activa por una acción efectuada por el usuario. Cuando el código malicioso es desencadenado, puede destruir información en el sistema o desestabilizar este sistema.

# Capítulo Tres: Reconocer y Contrarrestar un Ataque de Phishing

## ¿Qué es el Phishing?

Mediante un ataque de phishing, un atacante intenta obtener información confidencial, como cuentas de usuarios, datos bancarios y de tarjetas de crédito, y otras credenciales importantes. Como se mencionó anteriormente, el atacante puede usar medios electrónicos, como mensajes de texto o correos electrónicos, y hacerse pasar por un usuario u organización genuina para engañar al usuario final para que haga clic en un enlace o descargue un archivo adjunto. Dado que el correo parece provenir de una fuente legítima, el usuario puede divulgar información confidencial.

Los ataques de phishing han sido puntos débiles tanto para usuarios individuales como para organizaciones. Cualquier tipo de información obtenida de un individuo u organización es valiosa, ya que puede ayudar al atacante a obtener beneficios monetarios o atacar la red usada por la organización. Además, algunos estados o naciones pueden usar ataques de phishing para obtener información confidencial de otros países.

# Métodos Utilizados para el Phishing

El método más común utilizado para el phishing es un correo electrónico en el que el atacante intenta obtener información confidencial al hacer que los usuarios accedan e interactúen con sitios web maliciosos. A continuación, se muestran algunos otros métodos que los hackers usan para realizar este ataque.

• Un atacante puede manipular los enlaces en los correos electrónicos enviados a usted. Hacen esto cambiando levemente la URL, por lo que el usuario no puede diferenciar entre el enlace malicioso y el sitio web real. Por ejemplo, la mayoría de las aplicaciones basadas en la web ofrecen una función de "olvidé mi contraseña". Cuando hace clic en este botón, el sitio web le envía un correo para restablecer la contraseña. Si el hacker logra redirigir el correo electrónico, puede enviarle un enlace diferente donde ingresa su nombre de usuario y la respuesta a una pregunta de seguridad. El hacker puede usar esa información para acceder a su cuenta.

• Algunos hackers también usan la falsificación de sitios web como medio de phishing. Este es un proceso donde el atacante usa comandos de JavaScript para desarrollar un sitio web falso que parece genuino. Esto facilita el seguimiento del usuario.

• Los atacantes también usan una técnica conocida como redirección encubierta. En este proceso, infectan sitios web genuinos para lanzar ventanas emergentes. Un usuario hace clic en enlaces en la ventana emergente que lo redireccionan convenientemente hacia el sitio web del atacante.

• Los atacantes pueden liberar malware y ransomware en el sistema o la red de un usuario mediante adjuntos .exe, PDF y de Microsoft Office infectados.

- Los atacantes también pueden ejecutar ataques de phishing a través de otros medios, como mensajes de texto, llamadas telefónicas y redes sociales.

# Formas Habituales para Enfrentar los Ataques de Phishing

Esta sección enumera los diferentes métodos para proteger su sistema y su red de diferentes tipos de ataques de phishing. Algunos de los métodos habituales que se utilizan son:

- Escáneres de Malware
- Actualizaciones Automáticas
- Autenticación Multifactor
- Copias de seguridad de sistema o de datos

Esto se detallará más adelante en el libro. Además de los métodos mencionados anteriormente, existen otras técnicas que puede usar para proteger su sistema y su red de los ataques de phishing.

# Tipos de Phishing y Cómo Protegerse de Ellos

### Phishing Engañoso

El phishing engañoso es el tipo más común de ataque de phishing. El atacante usa phishing engañoso al imitar a un remitente de correo electrónico u organización genuina para engañar al usuario para que proporcione información personal o datos de inicio de sesión. Esto se hace mediante el uso de correos electrónicos. El contenido del correo crea una sensación de urgencia, haciendo que el usuario entre en pánico y haga exactamente lo que el atacante pretende.

Por ejemplo, el atacante puede enviar un correo electrónico a uno o más usuarios diciéndoles que su crédito será desactivado si no realizan el pago usando el enlace en el cuerpo del correo electrónico.

Cuando el usuario hace clic en el enlace, se le redirige al sitio web del atacante, que es una réplica del banco o portal de pago. Luego, el usuario ingresa los detalles de su tarjeta de crédito, incluyendo la fecha de vencimiento y código de seguridad. El atacante ahora tiene toda la información necesaria para efectuar transacciones fraudulentas con la tarjeta de crédito del usuario.

El éxito de un ataque de phishing engañoso depende de qué tanto se parezca el correo al mail de la organización real. Los usuarios deben revisar tanto las URL de la dirección de correo electrónico como de los enlaces en el cuerpo del correo para protegerse antes de hacer clic en el enlace o descargar cualquier archivo adjunto. Otras indicaciones comunes de un correo electrónico de phishing engañoso incluyen errores ortográficos y gramaticales, así como saludos genéricos.

### Spear Phishing

No todos los ataques de phishing utilizan técnicas de "disparar y esperar" ni son sin personalización. Muchos ataques de phishing dependen en gran medida de correos y mensajes personalizados, y aquí es donde el spear phishing entra en juego.

Los ataques de spear phishing se aseguran de que el nombre, dirección, número telefónico, empresa, cargo, perfil de trabajo, etc., se incluyan en el cuerpo del correo electrónico para que el receptor esté convencido de que tiene una relación con el remitente. En última instancia, el objetivo del spear phishing es el mismo del phishing engañoso: engañar al usuario para que haga clic en un enlace malicioso o para que descargue un archivo adjunto malicioso. El atacante puede usar cualquiera de los dos métodos para obtener información confidencial. Se requiere mucho esfuerzo para crear un correo de spear phishing, ya que el atacante debe obtener algo de información personal del objetivo. Por lo tanto, sitios web sociales como LinkedIn son un lugar frecuente para los atacantes de spear phishing desde donde intentan obtener tanta información personal de un objetivo como sea posible.

La organización debe realizar regularmente capacitaciones específicas para asegurarse de que sus usuarios no respondan a dichos correos electrónicos. Las empresas también deben invertir en tecnologías que analicen los correos electrónicos entrantes en busca de malwares conocidos.

### Ataque de Caza de Ballenas

El spear phishing se puede usar para atacar a cualquiera en una organización, incluidos los altos ejecutivos, y este es un ataque de caza de ballenas. El atacante apunta a las ballenas o los ejecutivos de alto nivel para robar su información y credenciales de inicio de sesión.

Un ataque de caza de ballenas exitoso puede conducir al fraude del CEO. Como sugiere su nombre, el fraude del CEO es cuando el atacante usa el correo electrónico del CEO para autorizar grandes transacciones financieras una vez que reciben su información bancaria. Otra aplicación de la caza de ballenas es cuando los atacantes usan la cuenta de correo electrónico del ejecutivo para solicitar información personal de otros empleados, de modo que puedan presentar declaraciones de impuestos falsas usando los datos de los empleados. También pueden optar por vender esta información en línea.

La mayoría de los atacantes se salen con la suya con los ataques de caza de ballenas, ya que la alta dirección en la mayoría de las organizaciones es ignorante acerca de la seguridad informática. La caza de ballenas puede evitarse simplemente haciendo que la capacitación en conciencia de seguridad sea obligatoria para todos los empleados, incluida la alta dirección. Las empresas también deben implementar procesos de autenticación de dos factores para las transacciones financieras, para asegurarse de que no se puedan completar solo por correo electrónico.

### Vishing

Los ataques anteriores de phishing dependen exclusivamente del correo electrónico como medio para el ataque. Sin duda, el correo electrónico es el medio más popular de phishing, pero a menudo los atacantes también recurren a otros medios.

El vishing es una técnica de phishing que usa llamadas telefónicas para engañar a los usuarios. Cuando el teléfono ganó popularidad, la gente solo se comunicaba usándolo. Sin embargo, con el avance de la tecnología actual, se pueden hacer llamadas utilizando Voz sobre Protocolo de Internet VoIP, donde un atacante puede imitar organizaciones genuinas para robar información de un usuario.

Existen varias formas de vishing. Por ejemplo, en septiembre de 2019, un grupo de atacantes lanzó un ataque de vishing a los miembros del parlamento y otro personal parlamentario en el Reino Unido para robar sus contraseñas. Ese mismo año, hubo otro ataque de vishing donde los atacantes pretendieron ser la alta dirección de una organización alemana y obligaron a su filial en el Reino Unido para que entregara información para robar dinero por un valor de 243.000 dólares.

La manera más simple de evitar el vishing es nunca contestar llamadas de números desconocidos, usar una aplicación para la identificación de llamadas, y nunca divulgar información personal a nadie por teléfono.

### Smishing

El vishing no es el único método donde los atacantes usan un teléfono para implementar un ataque de phishing. Los atacantes también usan mensajes de texto para efectuar un hackeo, y esta forma de hackeo se conoce como smishing. El mensaje contiene un enlace o un número telefónico al que el receptor debe hacer clic o llamar.

Los atacantes de smishing también pretenden ser entidades genuinas. En febrero de 2019, Nokia envió una advertencia a todos en el mundo donde los smishers pretendían ser Nokia y enviaban mensajes a los usuarios que decían que habían ganado dinero o un vehículo. Cuando los hackers iniciaron la estafa, pedían a los usuarios enviar un monto nominal como tarifa de registro para reclamar el vehículo que habían ganado.

En el mismo año, hubo una historia de una mujer que fue víctima de un ataque de smishing. La mujer tenía cáncer, y los smishers la engañaron haciéndole creer que eran del gobierno, ofreciéndole una subvención para pagar su tratamiento. Los atacantes le pidieron hacer un pago inicial nominal y pagar impuestos para poder optar a la subvención.

Nuevamente, la forma más simple de evitar un ataque de smishing es mirar el número que le está enviando un mensaje, y luego decidir hacer algo al respecto. Alternativamente, también es una buena idea llamar a la compañía citada en el mensaje y verificar si realmente envió dicho mensaje.

### Pharming

Los atacantes están conscientes de que los usuarios se están volviendo más sabios y están siendo capacitados contra las estafas comunes de phishing. Por lo tanto, la mayoría de los atacantes ya no usan métodos en los que necesitaban usar carnadas para obtener información confidencial. Ahora usan pharming, donde se aprovechan del envenenamiento de caché en el Sistema de Nombres de Dominio. El Sistema de Nombres de Dominio, o DNS por sus siglas en inglés, es un sistema de nombres utilizado por Internet para convertir cadenas de direcciones de IP como google.com en una IP numérica para llevar al usuario al sitio web de Google.com.

Cuando un atacante emplea la técnica del envenenamiento de caché DNS, ataca un servidor DNS y cambian la IP de un determinado sitio web a su propia IP. Esto significa que el atacante puede redirigir a un usuario a su sitio web en lugar de al genuino. Esto ocurre incluso si el usuario ingresa el nombre correcto del sitio web.

Los ataques de pharming pueden ser evitados capacitando a los usuarios y empleados para que ingresen información confidencial solo en sitios web protegidos por un certificado digital y resueltos en el protocolo HTTPS. Una empresa también debe instalar soluciones antivirus y antimalware en todos los dispositivos oficiales y actualizar regularmente las firmas de virus. Los proveedores de servicios de Internet también deben tomar medidas proactivas para proteger sus redes.

# Identificar un Correo de Phishing

En esta sección se discutirá un ejemplo, para que pueda comprender cómo es un correo electrónico de phishing, cómo identificarlo, y qué medidas se pueden tomar para evitar ser engañado por dichos correos.

### ¿Qué es la Suplantación de Identidad de Correo Electrónico?

La suplantación de identidad de correo electrónico es una metodología bajo el término general de phishing de correo electrónico donde un atacante manipula los encabezados de un correo para hacer que la fuente del correo parezca genuina, incluso cuando proviene de una fuente ilegítima, como el sistema del atacante. Los atacantes están conscientes de que los usuarios confían en un correo electrónico siempre que la dirección de correo del remitente se parezca a una dirección que hayan visto antes. El motivo de la suplantación de correo electrónico es engañar al usuario haciéndole creer que el correo que ha recibido es importante, y que el remitente realmente está solicitando información.

# Identificando un Correo Electrónico Falsificado

Hay dos maneras de identificar un correo electrónico falsificado:

Si el asunto es similar a cualquiera de los siguientes ejemplos, el correo no es válido:

- Su cuenta de correo electrónico abc@ejemplo.com fue hackeada

- Urgente: Cambie inmediatamente la contraseña de su cuenta de correo electrónico

- Su cuenta bancaria fue hackeada

- Alerta de Seguridad: Guarde sus cuentas de correo electrónico

Si el contenido del correo pide la siguiente información, se trata de un correo electrónico falsificado:

- Datos personales o datos de su cuenta bancaria

- Solicitarle que envíe dinero a una cuenta en particular

- Enlace de restablecimiento de contraseña a pesar de que no solicitó un cambio de contraseña

- Otros enlaces desconocidos para verificar datos

¿Cómo confirma que el correo electrónico es de hecho fraudulento o spam a partir de los encabezados del correo?

Puede determinar la autenticidad del correo electrónico buscando cualquiera de los siguientes parámetros dentro de la fuente del correo:

### Received-SPF

SPF es una implementación de autorización a través de un registro TXT DNS en la zona DNS del dominio para autorizar que los correos electrónicos sean enviados solo desde fuentes autorizadas. La sintaxis contiene una dirección IP agregada por el propietario del dominio, lo que significa que la verificación de SPF en los encabezados del correo electrónico será superada solo si el correo se originó de dicha IP. Si el correo se originó de cualquier otra IP, la verificación SPF falla, y los correos son redirigidos a la carpeta de correo no deseado del destinatario.

## X-CMAE-Score – 100

Esta es la puntuación de spam del correo. El servidor de correo electrónico del destinatario tiene determinadas comprobaciones de correo no deseado basadas en la puntuación de spam asignada al correo, siendo 100 el más alto.

Así es como se ve el encabezado de un correo electrónico. Puede acceder al encabezado viendo la fuente original de un correo en la interfaz del proveedor de correo, como gmail.com.

```
Return-Path: <aishah@pintasan.com>
Delivered-To: aishah@pintasan.com
Received: from mx1.mailhostbox.com ([172.16.214.132])
    by mx4.mailhostbox.com with LMTP id 6Fu1AxjQGVsVFAAAgCjJ6g
    for <aishah@pintasan.com>; Mon, 12 Nov 2018 19:12:16 +0000
X-Spam-Subject: YES
Authentication-Results: mx1.mailhostbox.com; dkim=none; dkim-atps=neutral
Received-SPF: (softfail) (domain owner discourages use of this host) identity=mailfrom; client-ip=217.5.206; helo=177.217.5.206.cable.dyn.cableonline.com.mx; envelope-from=aishah@pintasan.com;
receiver=aishah@pintasan.com
Received: from 177.217.5.206.cable.dyn.cableonline.com.mx (unknown [177.217.5.206])
    by mx1.mailhostbox.com (Postfix) with ESMTP id 9F8A5160B1D
    for <aishah@pintasan.com>; Mon, 12 Nov 2018 19:10:15 +0000 (UMT)
Message-ID: <4802D64B134C4A78E1857BD077394FD2@pintasan.com>
From: <aishah@pintasan.com>
To: <aishah@pintasan.com>
Subject: aishah@pintasan.com is compromised. Password must be changed
Date: 12 Nov 2018 03:53:11 -0800
MIME-Version: 1.0
Content-Type: text/plain; charset="ibm892"
Content-Transfer-Encoding: 8bit
X-Mailer: Yaxpdt hpead 5.2
X-Spam-Status: Yes
X-CMAE-Score: 100
X-CMAE-Analysis: v=2.2 cv=qegPA81 c=8 ce=1 tr=0 p=YkYX=kdTH9Ad9YiiTUA.9
    a=f5xF72JViFom/HBTP9s;AQ==-117 a=f5xF72JViFom/HBTP9;AQ==-17
```

Las preguntas más frecuentes que se hacen cuando un usuario recibe un correo de este tipo son:

¿Mi cuenta está comprometida si recibo un correo de este tipo?

No, su cuenta de correo electrónico no está comprometida de ninguna manera. El correo recibido es spam o falso.

¿Por qué el servidor no clasifica esos correos como no deseados?

La mayoría de los servidores cuentan con controles estrictos de correo electrónico que clasifican estos mensajes como spam. Estos correos son movidos automáticamente a la carpeta spam del correo del usuario, pero hay ocasiones en las que estas comprobaciones pueden omitir un correo.

¿Puedo evitar completamente recibir un correo falsificado?

No, en todos los casos, el spammer puede usar un asunto diferente y un cuerpo diferente, por lo que crear un filtro global no ayudará. Este filtro podría bloquear correos legítimos.

## Correo de Referencia: (Plantilla Utilizada)

¡Hola, extraño!

He hackeado tu dispositivo porque te envié este mensaje desde tu cuenta. Si ya has cambiado tu contraseña, mi malware la interceptará cada vez. Es posible que no me conozcas, y posiblemente te estás preguntando por qué estás recibiendo este correo, ¿verdad?

De hecho, publiqué un programa malicioso sobre adultos (pornografía) de algunos sitios web, y sabes que visitaste esos sitios para disfrutar (sabes a lo que me refiero). Mientras mirabas videoclips, mi troyano comenzó a funcionar como un RDP (escritorio remoto) con un registrador de teclas que me dio acceso a tu pantalla y a tu webcam.

Inmediatamente después de esto, mi programa recopiló todos tus contactos de messenger, redes sociales y también de correo electrónico. ¿Qué he hecho? Hice un video en doble pantalla. La primera parte muestra el video que viste (tienes buen gusto, sí... pero extraño para otras personas normales y para mí), y la segunda parte muestra la grabación de tu webcam.

¿Qué deberías hacer?

Bueno, creo que $608 (dólares estadounidenses) es un precio justo por nuestro pequeño secreto. Harás un pago en Bitcoin (si no lo sabes, busca "cómo comprar Bitcoins" en Google).

Dirección BTC: 1GjZSJnpU4AfTS8vmre6rx7eQgeMUq8VYr (Esto distingue entre mayúsculas y minúsculas, por favor cópiala y pégala)

Observaciones: Tienes dos días (48 horas) para pagar. (Tengo un código especial, y en este momento, sé que has leído este correo electrónico. Si no recibo Bitcoins, enviaré tu video a todos tus contactos, incluyendo a tus familiares, colegas, etc.

Sin embargo, si me pagas, destruiré inmediatamente el video, y el troyano se destruirá a sí mismo.

Si quieres obtener una prueba, responde, "¡Sí!" y reenvía esta carta a ti mismo. Y definitivamente enviaré tu video a doce contactos. Esta oferta no es negociable, por lo que no desperdicies mi tiempo ni el de otras personas respondiendo a este correo. ¡Adiós! Por favor, investiga el problema y contáctame.

El atacante envió este correo falsificando la dirección de correo electrónico del usuario, haciéndole creer que tiene acceso a la cuenta de correo del usuario. Si mira el contenido, el atacante está intentando convencer a un usuario inocente diciendo que tiene acceso a la computadora del usuario incluso cuando no lo tiene. El usuario, si no tiene cuidado, le creerá al atacante y cederá a sus solicitudes. Sin embargo, examinar los encabezados del correo, ayudará al usuario a comprender si este atacante realmente tiene acceso a su correo o si simplemente está mintiendo.

La mayoría de los tipos de situaciones de phishing se han cubierto en este capítulo, con un ejemplo de phishing de correo electrónico. Puede usar esto como una guía para ayudarlo a identificar y evitar cualquier ataque de phishing. Esto no garantiza que pueda reconocer todo intento de phishing. Los atacantes también investigan y aprenden más acerca del comportamiento de los usuarios, y utilizan esta información para mejorar sus ataques. Teniendo esto en cuenta, los usuarios y las organizaciones deberían capacitarse para aprender más sobre cualquier técnica nueva de phishing que los hackers utilizan en la actualidad.

# Capítulo Cuatro: Cómo Identificar y Eliminar el Malware

Malware es un término general para diferentes tipos de software malicioso, como spyware, ransomware y virus. El malware es un código desarrollado por los atacantes para atacar un sistema y sus datos asociados o acceder a la red de un tercero. El medio utilizado para liberar malware suele ser el correo electrónico. El correo contiene enlaces o adjuntos que, cuando se hace clic en ellos o se descargan, provocan la ejecución del código malicioso.

El malware apareció a finales de la década de 1970, con la introducción del virus Creeper, que amenazaba a usuarios individuales y organizaciones. Desde entonces, el mundo ha visto miles de variantes de malware, todas con la misma intención: interrupción y destrucción de servicios.

El malware contiene cargas que son desplegadas en los sistemas objetivo de varias formas. Los motivos del atacante van desde exigir dinero hasta robar información, y están comenzando a volverse más inteligentes con sus técnicas de ataque. Aquí hay diferentes tipos de malware presentes en la actualidad.

# Tipos de Malware

Algunos de estos términos ya han sido discutidos brevemente en la sección de terminología de ciberseguridad en el Capítulo Uno. En esta sección, entenderá algunos de ellos con más detalle.

## Virus

*Virus* es un término genérico usado por los usuarios habituales de computadoras y los medios de comunicación para referirse a cualquier malware que aparezca en los titulares. Sin embargo, es injusto decir que todo malware es un virus. Un virus informático se adhiere a los archivos en su sistema o apunta a dichos archivos y se activan cuando el usuario los ejecuta. Por ejemplo, un usuario puede ejecutar un documento PDF normal, y el virus puede haberse filtrado a través de un código incrustado.

El dominio digital no suele tener virus puros en la actualidad, ya que representan menos del diez por ciento del software malicioso. Esto es algo bueno. El virus es el único subgénero de malware que se encuentra en un archivo y luego se propaga a otro archivo. Dada esta naturaleza, limpiar los virus se vuelve una tarea difícil, ya que continúan propagándose. Limpiar los virus siempre ha sido complicado, e incluso las mejores soluciones antivirus tienen dificultades con ello. La mayoría de las soluciones antivirus solo son capaces de detectar y poner en cuarentena a los archivos infectados. No pueden limpiarlos, y, por lo tanto, solo terminan borrando esos archivos como último recurso. Uno podría afirmar que cuál es el daño de eliminar archivos, pero si esos archivos son esenciales para el funcionamiento de su aplicación o aplicación web, su eliminación provocará un mal funcionamiento de su aplicación o sitio web.

## Gusanos

La historia de la existencia de los gusanos es anterior a la de los virus. Han estado presentes incluso desde el desarrollo de los mainframes. Se hicieron populares en la década de 1990 con la introducción del correo electrónico, y los expertos en seguridad estaban frustrados con los gusanos que llegaban como archivos adjuntos dentro de los correos. Un empleado abriría un correo con un gusano, y la organización completa estaría infectada en poco tiempo.

Lo que distingue a un gusano de un virus es que un gusano se autorreplica. Por ejemplo, el gusano Iloveyou, en los días de su creación, se apoderó del mundo afectando correos electrónicos, sistemas telefónicos, redes de televisión, etc. Otros gusanos populares, como el MS Blaster y el SQL Slammer, también se aseguraron de ser recordados para siempre en la historia de la seguridad informática.

Un gusano es extremadamente peligroso porque puede propagarse como la pólvora sin interacción alguna del usuario. En contraste, los virus necesitan que un humano los active y luego infectan a otros archivos. Los gusanos pueden depender solo de los archivos y procesos en el sistema para ejecutarse.

Por ejemplo, el SQL Slammer aún mantiene el récord hasta la fecha por explotar una vulnerabilidad en Microsoft SQL, por crear desbordamientos de búfer en cada servidor SQL con conexión a Internet dentro de diez minutos.

### Troyanos

Los atacantes han pasado de gusanos a troyanos como arma para implementar ataques. Los troyanos fingen ser programas o archivos genuinos, pero tienen códigos maliciosos incrustados. Los troyanos han estado presentes en el mundo digital incluso antes que los virus, y son el malware más popular entre los ciberdelincuentes en la actualidad.

Al igual que los virus, incluso los troyanos necesitan la interacción del usuario para ejecutarse. Los troyanos usan correos electrónicos o sitios web maliciosos como medio para llegar a un sistema objetivo. El tipo de troyano más popular y habitual es un antivirus falso. Posiblemente haya visto ventanas emergentes mientras visita ciertos sitios web que dicen que su computadora está infectada, y le pude descargar software para limpiar el virus. Puede creer que esto es verdad y morder el anzuelo y terminar descargando e instalando un troyano. Luego, el troyano toma el control de su sistema.

Es difícil defenderse de un troyano por dos razones.

1. Los troyanos son fáciles de codificar, y grupos de ciberdelincuentes han desarrollado kits de creación de troyanos en la actualidad.

2. Los troyanos se liberan en un sistema engañando a los usuarios, y, por lo tanto, esquivan convenientemente las defensas tradicionales como los firewalls.

Literalmente millones de troyanos son desarrollados cada mes. Los desarrolladores de antivirus hacen todo lo posible para contrarrestar los troyanos, pero las firmas son demasiadas para realizarles un seguimiento.

### Malware Híbrido

El malware presente en la actualidad es una combinación híbrida de software malicioso, troyanos e incluso virus. El malware puede parecer un troyano al inicio, pero su ejecución terminará por atacar a todos los usuarios en una red, una naturaleza exhibida por los gusanos.

Los programas de malware en la actualidad se consideran programas ocultos o rootkits. Esto significa que el objetivo principal del malware en la actualidad es tomar el control del sistema operativo de la computadora, y manipularlo de tal forma de que ni siquiera los programas antimalware puedan detectarlos. La única manera de deshacerse de un malware de este tipo es desconectar el componente de memoria que tiene el control del sistema.

Otra combinación híbrida de troyanos y gusanos son bots que explotan un sistema e intentan agregarlo a un ataque hacia una infraestructura más grande. Los bots se ubican en sistemas informáticos individuales y luego reciben instrucciones de botmasters, que son servidores de comando y control para la red de bots. Las redes de bots, conocidas como botnets, pueden infestar desde algunos cientos de computadoras hasta redes de miles de servidores a través de Internet, controlados por un solo botmaster. Los botmasters a menudo alquilan estas botnets a otros delincuentes que las utilizan para sus necesidades específicas.

### Ransomware

El ransomware es un malware a través del cual los atacantes cifran todos sus datos y exigen un rescate para descifrarlos. Al inicio, los atacantes solían atacar a usuarios individuales con ransomware, pero se dieron cuenta de los beneficios monetarios de atacar a instituciones más grandes, como bancos, hospitales, etc. El ransomware será discutido en profundidad más adelante.

### Malware Sin Fichero

En realidad, este no es un tipo diferente de malware, pero se ha convertido en una clasificación propia basada en la forma en que se utiliza el malware para explotar a un usuario. Los malware tradicionales infectan a los sistemas tomando el control del sistema de archivos. Por otro lado, el malware sin fichero no toca el sistema de archivos, pero se propaga dentro de la memoria del sistema o usa otros componentes que no son archivos, como API, tareas programadas y claves de registro.

El malware sin fichero aprovecha un programa que se ejecuta en el sistema para convertirse en su subproceso. O usa herramientas de sistema como PowerShell en sistemas operativos basados en Windows. Los atacantes han comenzado a usar los malware sin fichero porque son difíciles de detectar.

Por ejemplo, Operation Cobalt Kitty es un malware sin fichero que se ha vuelto popular por infectar PowerShells y atacar a empresas asiáticas durante seis meses. el malware se implementó en los sistemas objetivo usando correos electrónicos de spear phishing.

## Adware

Si se ha encontrado con malware solo en forma de adware, considérese afortunado. El adware infecta a una computadora y sigue haciendo aparecer anuncios no deseados. Los anuncios más comunes que aparecen a través de adware redirigen a los usuarios a sitios web que contienen promociones de otros productos. El adware es potencialmente inofensivo, pero puede resultar muy molesto.

## Publicidad Maliciosa

No confunda esto con adware. La publicidad maliciosa usa anuncios genuinos para enviar archivos maliciosos a un sistema objetivo. Por ejemplo, un atacante podría pagarle a un sitio web para que coloque un anuncio malicioso en su página. Un usuario que haga clic en el anuncio será redirigido al sitio web del atacante o instantáneamente descargará malware en el sistema del usuario. A menudo, el malware en los anuncios se ejecuta sin interacción del usuario, una técnica llamada drive-by-download.

Ha habido casos en los que los atacantes han hackeado grandes motores de anuncios como Yahoo para desplegar malware a través de sus anuncios en sitios web más grandes, como Spotify, el New York Times, la Bolsa de Valores de Londres, etc.

Los atacantes usan la publicidad maliciosa para hacer dinero. Liberan malware a través de anuncios que son capaces de minar criptomonedas e infectar con ransomware.

## Spyware

El spyware es un tipo de malware usado por los atacantes para espiar las actividades de una persona. Es utilizado mayoritariamente por personas en una relación sentimental para espiarse entre sí, pero los atacantes también utilizan spyware para entender la actividad de un objetivo y registrar sus pulsaciones de teclas.

Un escáner normal puede detectar spyware y ayudarlo a desinstalarlo.

## Virus vs Malware

Es una práctica común para las personas en la actualidad utilizar las palabras malware y virus indistintamente, pero no son lo mismo. La diferencia es que malware es el término principal, y un virus puede ser un tipo de malware. En términos simples, un virus puede ser malware, pero no todo malware es un virus.

Si se representa como un diagrama de Venn, se vería así. Un virus es un subconjunto de malware, que a su vez es un subconjunto de una amenaza.

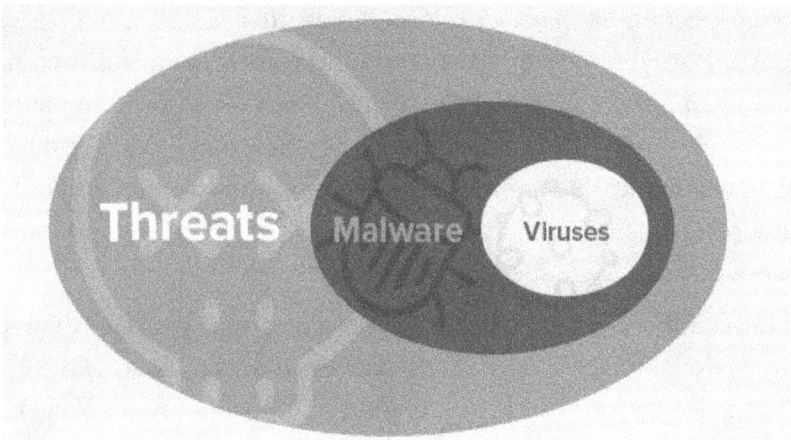

Sabiendo esto, es posible que ahora tenga las siguientes preguntas.

¿Por qué hay confusión si son diferentes?

El reconocimiento arraigado de nombres es el responsable de la confusión entre virus y malware. Una vez que se introduce una palabra en la cabeza de alguien, tiende a quedarse allí. Por ejemplo, Xerox es una compañía que se ocupa principalmente de fotocopiadoras. Sin embargo, desde el principio, una fotocopiadora se conocía como una xerox, y el término ha perdurado.

¿Cómo puede saber si su sistema tiene un virus o malware?

Un virus infectará principalmente a un archivo y se replicará hacia otros archivos. Ese es el trabajo de un virus si es puramente un virus. Sin embargo, si el virus se implementó como malware, la indicación más común es que su sistema se ha ralentizado.

¿Necesita tanto antivirus como antimalware?

En la actualidad, las soluciones antivirus y antimalware son lo mismo. Ningún proveedor le dará una solución que solo busque virus y omita el análisis de otros malware como gusanos, troyanos, ransomware, etc

Una buena solución de seguridad escaneará archivos locales en su sistema y también monitoreará su actividad en línea a través del correo electrónico y sitios web por los que navega. Si visita un sitio web malicioso, su solución de seguridad ni siquiera le permitirá que se cargue en el navegador.

# Protegiéndose del Malware

Si siente que su sistema está infectado, siga inmediatamente los pasos que se indican a continuación.

### Instale/Actualice su Antivirus

Si no tiene una solución antivirus, compre una e instálela inmediatamente. Es un pequeño precio a pagar por la salud de su sistema y los datos importantes que contiene. Puede confiar en proveedores como Norton Security, Kaspersky, McAfee y Avast, entre muchos otros. La mayoría de estas soluciones tienen una calificación de 4,5 estrellas. Ejecute un escaneo profundo una vez que haya instalado el antivirus y déjelo correr incluso si le toma mucho tiempo. El único problema es que si el malware es muy avanzado; sabrá cómo desactivar el antivirus.

Si ya tiene una solución antivirus y no ha podido detectar el malware, probablemente significa que no ha actualizado sus firmas. El trabajo no termina simplemente al instalar una solución antivirus. Nuevos malware son desarrollados todos los días, y por lo tanto, debe actualizar sus firmas de antivirus para que puedan detectar este nuevo malware. Está abriendo su sistema a nuevo malware si su antivirus está atrasado por incluso un día en las actualizaciones.

### Restauración del Sistema

La mayoría de los sistemas operativos, como Microsoft Windows, tienen una función llamada restauración del sistema. Esto básicamente almacena una imagen de todo su sistema a intervalos regulares. Esto significa que si su sistema fue infectado por un malware hoy, y está disponible un punto de restauración del sistema para ayer, podría restaurar su sistema a cómo estaba ayer, lo que eliminará el malware.

Sin embargo, a veces el código de malware se escribe para que no pueda ejecutar la restauración del sistema. En tales casos, podría tener que reiniciar su sistema para habilitar el modo seguro y luego intentar ejecutar una restauración del sistema.

### Desconéctese de Internet

Si hay malware que está siendo usado para robar información de su computadora, significa que alguien está controlándola remotamente a través de Internet. El primer paso para lidiar con esto es desconectarse completamente de Internet. Desconecte el cable Ethernet, desactive el Wi-Fi e incluso apague el router si es necesario.

Podría argumentar que su antivirus no se actualizará si se desconecta de Internet, pero puede instalarlo a través de una solución fuera de línea. Al menos estará tranquilo de que el atacante ya no tiene acceso a su información.

### Obtenga una Solución Antivirus Portable

Si todo falla y ni siquiera se le permite instalar un antivirus, significa que el malware ha tomado control del sistema operativo. Necesitará encontrar una manera para tomar el control sin tener que lidiar con el sistema operativo.

En tales casos, puede usar soluciones antivirus portátiles que se pueden cargar en una unidad USB. Algunas de ellas son ClamWin, Kaspersky Security Scan, McAfee Stinger y Microsoft Safety Scanner. Puede, de hecho, tener a todas ellas en una unidad USB y ejecutar escaneos individuales sin causar ningún conflicto.

Las secuelas de una infección por malware pueden ser difíciles al comienzo. Es como volver a vivir en una casa que fue robada. Tomará tiempo volver a sentirse seguro. Una vez que esté de regreso, tome las medidas necesarias para aumentar la seguridad de su sistema. Obtenga las mejores soluciones de seguridad, incluso si cuestan un poco. También, desinstale el software no deseado a intervalos regulares y elimine los archivos temporales. Puede ser despiadado y estricto, pero también cuidadoso al mismo tiempo.

# Capítulo Cinco: Recuperándose del Ransomware

En los últimos años, es posible que haya oído hablar del término Ransomware en su oficina o en las noticias. ¿De qué se trata todo el alboroto? Quizás recibió una ventana emergente en su computadora diciendo que su sistema está infectado por ransomware. Este capítulo arroja luz sobre qué es el ransomware, sus tipos, un poco de historia, y qué debe hacer para proteger sus sistemas.

## Definiendo Ransomware

Ransomware es la conjunción de las palabras ransom (rescate) y malware. Es un malware que infecta su computadora y cifra todos los datos en él, impidiéndole acceder a ellos. Exige el pago de un rescate si desea acceder a los datos nuevamente. El ransomware apareció por primera vez en la década de 1980 y los pagos se exigían por correo postal. En la actualidad, el ransomware está mucho más evolucionado, y los hackers exigen pagos mediante tarjetas de crédito o criptomonedas.

## ¿Cómo Puede Infectarse?

Los atacantes usan el ransomware de diferentes maneras para infectar su sistema. Una manera habitual de hacer esto es llenar su bandeja de entrada o escritorio con spam malicioso, también conocido como malspam, donde el medio usado para distribuir el spam es el correo electrónico. El correo contiene archivos adjuntos maliciosos, como documentos de Word o archivos PDF, o incluso hipervínculos hacia sitios web de terceros.

El método de malspam emplea tácticas de ingeniería social para hacerle creer a la gente que el correo y sus adjuntos son genuinos. El hacker hace esto haciéndoles parecer como si vinieran de una fuente confiable. Los atacantes también usan ingeniería social en ataques de ransomware donde fingen ser el FBI para asustar a los usuarios y hacerlos pagar para acceder a sus archivos.

La publicidad maliciosa es otro método popular de infección por malware que alcanzó su punto máximo alrededor de 2016. Como el nombre sugiere, la publicidad maliciosa emplea el método de publicidad en línea para difundir el ransomware. Este tipo de ransomware no interactúa demasiado con los usuarios. Incluso hoy, puede encontrarse con sitios web llenos de anuncios que lo redirigen a sitios web de terceros sin su permiso. Estos sitios web de terceros se mantienen para registrar todas sus actividades e información. Luego liberan el malware en su computadora. A menudo, este malware resulta ser ransomware. La publicidad maliciosa usa una tecnología llamada iframe que contiene malware escondido en elementos HTML invisibles. Este iframe lo redirigirá hacia un sitio web malicioso, y el malware será convenientemente liberado en su computadora desde este sitio web mediante un exploit kit. Este proceso se conoce como drive-by-download, ya que todo ocurre sin que el usuario sepa qué está pasando.

# Tipos de Ransomware

El ransomware se clasifica en tres tipos según su gravedad.

## Scareware

Scareware es un tipo de ransomware usado para realizar estafas de soporte técnico en software de seguridad antiguo. Puede recibir ventanas emergentes en su dispositivo pidiéndole que descargue cierta información de un sitio web. La ventana puede decir que hay un virus en su sistema, por lo que hace exactamente lo que dice dicha ventana, y descubre que su sistema está infectado con un virus. Si ignora el mensaje, aparecerán otras ventanas emergentes. Sin embargo, sus archivos aún estarán a salvo.

Si tiene una solución antimalware de un proveedor genuino, ejecútela y vea si hay algún virus en su sistema. Si no tiene una solución antimalware en su computadora, descargue una inmediatamente antes de recurrir a descargar cualquier cosa del enlace que comparten con usted.

En este caso, el atacante está mintiendo e intentando asustarlo con la esperanza de que caiga en la trampa.

## Bloqueadores de Pantalla

Este tipo de ransomware es de nivel naranja o de tipo medio. Como su nombre indica, esta forma de ransomware bloquea el sistema dejando al usuario fuera de él. Cuando el usuario intenta desbloquear el sistema, solo pueden ver el logo del Departamento de Justicia de los Estados Unidos o del FBI. El mensaje en la pantalla puede decir que usted fue sorprendido haciendo algo ilegal, y por lo tanto, debe pagar una multa.

En primer lugar, es importante señalar que ninguna institución jurídica bloqueará su computadora ni solicitará un pago. Si el FBI sospecha de usted, lo contactará directamente mediante canales legales.

Si se encuentra en una situación donde su pantalla está bloqueada y no puede entrar al sistema sin hacer un pago, su sistema ha sido hackeado.

## Ransomware de Cifrado

Esta es la forma más peligrosa de ransomware porque un atacante libera un ransomware de cifrado en el sistema de la víctima y cifra todos los archivos, por lo que la víctima no puede acceder a ellos. Exigen un pago para descifrar todos los archivos al estado original nuevamente. Se considera la forma más peligrosa de ransomware debido a la dificultad de descifrar los archivos una vez que han sido cifrados, dado que ningún software puede descifrar todas las formas de cifrado. Es mejor asumir que esos archivos se han perdido a menos que decida pagar el rescate. No hay garantía de que recuperará sus archivos incluso después del pago.

## Historia del Ransomware

La primera aparición de ransomware fue en la década de 1980, y se llamó AIDS o PC Cyborg. Este ransomware cifraba todos los archivos de un usuario en el directorio C: cada vez que el usuario reiniciaba el sistema. El ransomware recolectaba todos los archivos después de 90 reinicios de este tipo, y enviaría un correo al usuario pidiendo renovar la licencia del sistema operativo. Podían pedir pagar 189 dólares a PC Cyborg Corporation. Era una tecnología muy simple de cifrado, y por lo tanto, era fácil de revertir. Por lo tanto, los usuarios de la industria de las ciencias de la computación sabían cómo revertirlo, pero impactó mayoritariamente a la gente común que no era tan conocedora de la tecnología.

Durante los siguientes diez años, aparecieron algunas otras variantes, pero el ransomware peligroso no haría su debut hasta 2004. Este fue el año en que GpCode aprovechó el débil cifrado RSA para cifrar los archivos de los usuarios.

El siguiente gran ransomware apareció en 2007 cuando se introdujo WinLock. A diferencia de otros ransomware, WinLock no cifraba los archivos de los usuarios, sino que bloqueaba el sistema dejando fuera al usuario. También mostraba imágenes pornográficas en la pantalla del usuario. Luego, los atacantes exigían pagos por SMS para otorgar al usuario acceso a sus sistemas.

El ransomware evolucionó en 2012 con el desarrollo de la familia ransom llamada Reveton. Esto dio origen a otro tipo de ransomware conocido como ransomware policial. Los atacantes bloqueaban los sistemas dejando fuera a sus usuarios, y dejaban el logo oficial del FBI o el de cualquier otra agencia policial en la pantalla de bloqueo. Habría una declaración que señalaba que usted cometió un crimen, como descargar contenido pirateado, hackear, o mirar contenido pornográfico en su pantalla. Luego le señalaría a la víctima que debía pagar una multa de entre 100 y 3.000 dólares utilizando una tarjeta prepagada.

Algunas personas no entendían esto, y creían que habían quebrantado la ley, y por lo tanto, debían pagar una multa. Esta es una táctica de ingeniería social llamada "culpa implícita", donde un usuario cuestiona sus acciones. No quieren ser señalados públicamente por una actividad como ver pornografía, la que creen que es un crimen, y por lo tanto, prefieren pagar la multa para terminar con esto inmediatamente.

El ransomware de cifrado resurgió en 2013 con CryptoLocker, pero era mucho más peligroso. El ransomware CryptoLocker usaba cifrado de nivel militar, y el hacker almacenaba la clave de descifrado en un servidor remoto. No había manera de que los usuarios puedan recuperar sus archivos sin pagar un rescate. Este tipo de ransomware continúa presente en la actualidad, y algunos ciberatacantes siguen ganando dinero con él. Los recientes brotes de ransomware como Petya y WannaCry en 2018 también utilizaban técnicas de cifrado similares.

Mientras 2018 llegaba a su fin, otro ransomware llamado Ryuk fue desarrollado por hackers habilidosos, y creó problemas para las publicaciones de noticias en Estados Unidos, especialmente para la Autoridad de Agua y Alcantarillado de Onslow en Carolina del Norte. Este ataque de ransomware fue planeado, por lo que los atacantes primero podrían infectar los sistemas objetivo usando troyanos que roban información llamados TrickBot y Emotet. Luego, usarían esta información para instalar Ryuk y otros ransomware en el sistema. Los expertos en ciberseguridad creen que los hackers usaron TrickBot y Emotet para apuntar a empresarios de alto perfil. Estos troyanos infectaban sistemas al azar y luego liberaron a Ryuk una vez que identificaban que el sistema objetivo pertenecía a un empresario de alto perfil, y el atacante podía ganar mucho dinero.

Al día de hoy, un nuevo tipo de ransomware llamado Sodinokibi, conocido por ser una evolución de GandCrab, ha sido noticia. Los atacantes usan proveedores de servicios administrativos para propagar este ransomware. En agosto de 2019, varios centros de atención dental perdieron grandes volúmenes de datos, y los hospitales no podían obtener los registros de sus pacientes. Los atacantes usaron un proveedor de servicios administrativos comprometido para transmitir el ransomware a 400 centros de atención dental.

### ¿Quiénes son los Blancos de un Ataque de Ransomware?

Cuando se inventó el ransomware, las víctimas principales fueron individuos que eran usuarios regulares de computadoras. Los atacantes luego se dieron cuenta que el ransomware tenía más potencial, especialmente cuando comenzaron a atacar empresas. Cuando un atacante usaba ransomware para atacar una empresa, se aseguraban de que pudieran detener la producción, y crear una pérdida en los datos y en los ingresos. Los atacantes luego se dieron cuenta que atacar una empresa daría más dinero que atacar a usuarios regulares. A finales de 2016, las estadísticas mostraban que se había encontrado ransomware en aproximadamente el trece por ciento de las empresas globales, y solo en el dos por ciento de las computadoras de usuarios regulares. En 2017, casi el 35% de las pequeñas y medianas empresas ya habían sido víctimas de ransomware.

Hablando geográficamente, los atacantes liberan ransomware principalmente en mercados occidentales, y el Reino Unido, los Estados Unidos y Canadá son sus principales objetivos. Las investigaciones muestran que los atacantes de ransomware siempre eligen empresas y países con más dinero. Esto significa que buscan regiones donde las tasas de adopción de computadoras e Internet son altas y la región es rica. Se cree que muy pronto atacarán también a los mercados de Asia y Sudamérica, ya que estas regiones están experimentando un importante crecimiento económico.

### Qué Hacer si Está Infectado

La regla de oro que debe seguir si es víctima de ransomware es nunca pagar el rescate. Incluso el FBI señala que no debe pagar. Si paga el rescate, terminará haciendo lo que el atacante quiere que haga. Por lo tanto, podría animarlos a seguir implementando ataques de ransomware en el futuro. Existe una pequeña probabilidad de recuperar algunos de sus archivos usando software gratuito de descifrado de archivos.

Sin embargo, estas herramientas solo pueden prevenir o revertir algunos tipos de ataques de ransomware. También, si hay un descifrador disponible, debe asegurarse de que ayude a proteger el sistema del ransomware ya presente en él. Es recomendable no ejecutar ningún software de cifrado sin el conocimiento necesario, ya que podría terminar cifrando sus archivos aún más. También es importante mirar más de cerca el mensaje de rescate que aparece, o buscar ayuda de un consultor de seguridad de TI.

Otros métodos conocidos para eliminar ransomware incluyen productos anti-ransomware para escanear su sistema y eliminar la infección. Estas soluciones podrían no ayudar a recuperar sus archivos, sino a limpiar su sistema. En los casos de los bloqueadores de pantalla, intente restaurar el sistema a un punto previo saludable o intente ejecutar un escaneo desde una unidad USB o DVD de arranque.

Si quiere derrotar un ataque de ransomware mientras está en progreso, debe permanecer alerta todo el tiempo. Si nota lentitud en su sistema sin motivo aparente, es mejor reiniciar el sistema y desconectarlo de Internet. Esto asegura que el malware esté inactivo mientras inicia el sistema. Tampoco puede enviar o recibir instrucciones del servidor al mando o del atacante. Esto significa que dado que el atacante no ha completado la actividad, no puede haber cifrado todos los archivos del sistema, y por lo tanto, no puede exigir dinero. En este punto, debe instalar una solución antimalware y ejecutar un escaneo completo de su sistema.

### ¿Cómo Protegerse del Ransomware?

La mayoría de los expertos en seguridad a nivel mundial tienen una sola cosa que decir cuando se trata de proteger su sistema del ransomware: le piden evitar que ocurra el ataque.

Existen algunos métodos para abordar una infección de ransomware, pero no hay evidencia de que funcione. La mayoría de ellos también requieren experiencia técnica de alto nivel, y un usuario promedio puede no estar preparado para tales herramientas. Por lo tanto, se sugiere que siga las soluciones siguientes:

El primer paso es comprar una solución antimalware de pago que provea protección en tiempo real. Esta solución también puede detectar ataques de ransomware avanzado. La solución también debe ser capaz de proteger archivos y software vulnerables, mientras al mismo tiempo evita que el ransomware cifre cualquier archivo. Una de estas soluciones es la versión paga de Malwarebytes, que protegió a los usuarios de todo tipo de ataques importantes de ransomware en 2017.

El siguiente paso toma tiempo y esfuerzo. Debe regularmente crear copias de seguridad de sus datos y almacenarlas en medios externos. Los expertos recomiendan que almacene sus copias de seguridad en una solución basada en la nube que esté protegida mediante cifrado y autorización de múltiples factores. Otra opción es almacenar las copias de seguridad en medios externos como unidades USB o discos duros. Sin embargo, asegúrese de desconectarlos después de realizar la copia de seguridad. De lo contrario, hay una alta probabilidad de que el ransomware también infecte estos dispositivos externos.

El siguiente paso es asegurar que su sistema operativo y el resto del software estén actualizados. El popular ransomware WannaCry aprovechó una vulnerabilidad en el sistema operativo de Microsoft. Microsoft lanzó una actualización en marzo de 2017 para corregir la vulnerabilidad, pero la mayoría de las personas ignoraron esta actualización y no la descargaron. Esto dejó sus sistemas abiertos a un ataque. Se entiende que actualizar manualmente el sistema operativo y el resto del software sea difícil, y por lo tanto, es mejor activar las actualizaciones automáticas para el sistema operativo y el resto del software.

Finalmente, es mejor estar informado. La técnica más habitual usada por un atacante para liberar un ransomware es la ingeniería social. Edúquese usted y a sus empleados acerca de cómo detectar sitios web maliciosos, malspam y otros medios dañinos. Siempre confíe en sus instintos. Si algo parece dañino, probablemente lo es.

### ¿Cómo el Ransomware Afecta a una Empresa?

Muchas empresas han sido duramente golpeadas durante los últimos años por diferentes tipos de ransomware, como WannaCry, SamSam, GandCrab y NotPetya. La cantidad de ataques de ransomware a empresas aumentó en un 88 por ciento en la segunda mitad de 2018, a medida que los atacantes dejaron de atacar las computadoras y sistemas de usuarios normales. Los atacantes entendieron que podían ganar más dinero al atacar a grandes empresas, como agencias gubernamentales, hospitales y otras instituciones comerciales. El daño promedio perpetrado por el ransomware, incluyendo pérdidas de datos, reparaciones, multas y pagos de rescates alcanza los 4 millones de dólares.

Los últimos ataques de ransomware fueron identificados como ataques de GandCrab. GandCrab apareció por primera vez en enero de 2018, y desde ese momento ha evolucionado haciendo el cifrado más fuerte, empoderando a los atacantes a apuntar a organizaciones de alto perfil. Los reportes sugieren que GandCrab ha logrado causar daños avaluados en 300 millones de dólares en rescates, la mayoría de los cuales ya han sido pagados. El rango de los rescates individuales oscila entre 600 y 700.000 dólares.

En marzo de 2018, otro ataque de ransomware se inició usando ransomware SamSam. Este ataque fue lanzado en los servidores de la ciudad de Atlanta, que infectó los servicios esenciales de la ciudad, como los sistemas de registros policiales y los sistemas de recaudación de ingresos. SamSam causó 2,6 millones de dólares en daños a Atlanta.

# Capítulo Seis: Cómo Detectar y Detener un Ataque de Ingeniería Social

La ingeniería social es el proceso de manipular o engañar a las personas para que le den información que necesita sobre ellas. Los ciberdelincuentes están en busca de todo tipo de información, pero lo más común es que empleen la ingeniería social para persuadirlo de que revele su información bancaria, credenciales de inicio de sesión a varias aplicaciones, o contraseñas para acceder a su computadora. Pueden usar esta información para transferir fondos de sus cuentas a la de los criminales, o para instalar malware en su sistema.

Los ciberdelincuentes usan la ingeniería social porque saben que es más fácil ganar la confianza de las personas que hackear software. Por ejemplo, podrían usar una simple conversación para manipular a cualquier víctima para que les entregue su contraseña. No intentan hackear el sistema usando una contraseña o cualquier otro proceso técnico. Simplemente atacan el sistema si el usuario tiene una contraseña débil.

El principio básico de la seguridad es saber en quién y en qué confiar. Debe saber cuándo confiar en alguien y estar alerta cuando se comunica con él, especialmente en línea, dado que no puede verlos. Esto también es válido al confiar en aplicaciones. Debe saber si una aplicación que descargará e instalará en su sistema o sitio web es genuina y no lo dañará.

Cualquier profesional de la seguridad les dirá a las empresas que el punto más débil de una cadena de seguridad es un usuario que acepta y confía en otro usuario al pie de la letra. En palabras simples, no importa si tiene seguridad de primer nivel para su casa, con múltiples cerraduras, perros guardianes, reflectores, sistemas de alarma, alambre de púas, cercas, etc., si permite que un extraño ingrese a su casa simplemente porque afirman ser un plomero sin hacer ninguna revisión. En un caso como este, usted permitió que la amenaza ingresara a su casa.

# Metodologías de Ingeniería Social

Existen tres tipos de metodologías utilizadas para la ingeniería social:

- Phishing
- Vishing
- Suplantación de Identidad

El Phishing y el Vishing fueron discutidos en el Capítulo Tres; sin embargo, la suplantación es cuando un atacante finge ser alguien que ya conoce y lo engaña para que le de acceso a su computadora, red, etc. Un atacante investiga mucho antes de usar la técnica de suplantación para hackear sus cuentas y sistemas. Los atacantes acechan a las personas en las redes sociales y sitios web de las empresas y recopilan información sobre los amigos y colegas de la víctima. También pueden escuchar a escondidas sus conversaciones y tratar de husmear los documentos que ha tirado a la basura.

Aquí hay algunas estadísticas que lo ayudarán a comprender estos métodos de ingeniería social con respecto a su aplicación en el mundo real.

**Phishing**

- El setenta y siete por ciento de los ataques de ingeniería social se hacen mediante phishing.

- Casi 40 millones de personas reportan ataques de phishing cada año.

- El ochenta y ocho por ciento de todos los ataques de phishing ocurrieron con enlaces en los que se les hizo clic en correos electrónicos.

- El noventa por ciento de todo el tráfico de correo electrónico del mundo está lleno de spam y virus.

**Vishing**

- El sesenta por ciento de los adultos en EE. UU. fueron víctimas de vishing en 2012.

- 2,4 millones de clientes fueron víctimas de fraude telefónico en el año 2012.

- 2,3 millones de clientes fueron víctimas de fraude telefónico en la primera mitad de 2013.

- 42.500 dólares fue la pérdida promedio por cliente para una empresa.

- Cuando se recibió un SMS de vishing, el 60 por ciento de los usuarios hizo clic en el enlace del mensaje, el 26 por ciento de los usuarios intentó llamar al número, y el 14 por ciento de los usuarios respondió al mensaje de texto.

### Suplantación de Identidad

- 1,8 millones de personas fueron víctimas de suplantación de identidad en EE. UU. en 2013. Los robos de identidad médica aumentaron debido a sitios web que se hacían pasar por proveedores médicos.

- El ochenta por ciento de los robos que ocurrieron en los lugares de trabajo involucraron eludir los controles.

- El ochenta y ocho por ciento de la información robada eran datos personales.

- La edad promedio de una víctima de suplantación de identidad fue de 42 años, y la pérdida promedio que sufrió fue de 4.200 dólares.

# Detectando un Ataque de Ingeniería Social

¿Cómo se ve normalmente un ataque de ingeniería social? A continuación, se muestran algunos escenarios comunes para comprender cómo funciona la ingeniería social.

### Un Correo Electrónico de un Amigo

Si el atacante logra hackear la contraseña de correo electrónico de un usuario mediante un software o ingeniería social, el atacante tiene acceso a la lista de contactos de dicho usuario. Dado que la mayoría de los usuarios usan la misma contraseña para varias aplicaciones web, el atacante también puede ganar acceso a las redes sociales y contactos de redes sociales del usuario.

A partir de ahora, todo es territorio propio para el atacante. Puede enviar correos a los contactos del usuario, o mensajes instantáneos en redes sociales. La mayoría de los mensajes enviados por los atacantes tienen las siguientes características:

- Una URL, donde el atacante finge ser un amigo y lo emociona diciéndole algo con lo que puede sentirse identificado. Pueden enviarle un enlace y solicitarle algo de información a través de dicho enlace. Confiado e inocente, porque proviene de un amigo, hace clic en el enlace y descarga malware que infecta su computadora. El atacante puede acceder a su sistema y realizar cualquier acción que desee. Intentan recopilar información acerca de sus contactos y engañarlos como lo engañaron a usted.

• Un archivo de imagen, video o música con un código malicioso incrustado en él. Puede descargarlo sin dudarlo, ya que proviene de un amigo, y termina por infectar su sistema con malware. El atacante ha accedido a su computadora y al tesoro de información presente en él.

### Un Correo Electrónico de Una Fuente Confiable

La ingeniería social es parte fundamental de los ataques de phishing, donde los atacantes imitan a una fuente confiable para engañar a los usuarios para que revelen información confidencial. Informes de Webroot sugieren que la mayoría de los atacantes fingen ser instituciones financieras. Datos de Verizon también sugieren que el 93 por ciento de las brechas que ocurren en la actualidad son resultado de un intento exitoso de ingeniería social.

Los correos de fuentes confiables pueden tener los siguientes temas:

*Los correos pueden solicitar ayuda urgente*

Algunos correos tienen mensajes urgentes, y el sentido de urgencia puede obligarlo a realizar la acción señalada en el correo. Dado que tiene miedo, puede transferir los fondos a la cuenta del atacante.

*El correo puede solicitar donaciones para una causa*

Los correos pueden intentar explotar su generosidad o amabilidad. El contenido puede decir que debe transferir fondos a una fundación o causa, pero el dinero va directamente a la cuenta del atacante.

*Intentos de phishing que usan un fondo genuino*

Un atacante puede enviarle un mensaje o correo solicitándole enviar dinero. La fuente del mensaje o correo parece ser de una compañía, escuela o institución de renombre.

*El correo dirá que hay un problema y le solicita hacer clic en un enlace para rectificarlo*

La URL usada para enviar el correo puede parecer genuina, y el cuerpo del correo puede usar un logo similar al de la organización de donde el atacante finge ser. Es posible que el atacante haya enviado el correo directamente desde el sitio web de la fuente, pero usa métodos diferentes para obtener acceso a dicho sitio web. Dado que todo parece legítimo, puede hacer clic en la URL, la que lo redirige al sitio web del atacante. El atacante puede mostrar un formulario donde se solicita cierta información que necesitan para hackear su cuenta. El correo también incluye una advertencia que le dice acerca de las consecuencias que podría sufrir si no hace clic en la URL. Esto puede asustarlo, y escoge hacer clic en el enlace.

*Finge ser su jefe o colega*

El correo puede contener detalles de un proyecto en el que trabaja en su oficina. Esto ganará su confianza. La siguiente parte estará relacionada a un cierto pago que hizo en el pasado usando una tarjeta de la empresa. Cree que esto es legítimo y efectúa el pago.

*Le dicen que ha ganado algo*

Puede que haya recibido correos de un supuesto familiar fallecido, una empresa de lotería, o cualquier otra compañía. Algunos correos también pueden decirle que fue la persona número 100 en visitar el sitio web, y que ha ganado algo. El correo le pide enviar algunos documentos confidenciales, como su número de seguro social, para demostrar quién es usted. Estas solicitudes deberían hacerle sospechar. No confíe en los correos. Este tipo de ataque se conoce como phishing codicioso. Dado que es codicioso, es posible que quiera otorgarle al atacante la información necesaria. Como resultado, puede entregar información confidencial que el atacante puede usar para vaciar su cuenta bancaria.

## Cebar

En este escenario de ingeniería social, los atacantes saben que pueden cebar al usuario, especialmente si quieren obtener información confidencial. Estos cebos a menudo se encuentran en sitios web que proveen películas gratis o descargas de música. Los atacantes pueden realizar esas estafas en sitios web maliciosos, redes sociales y otros sitios web a los que la mayoría de los usuarios acceden por resultados de búsquedas.

El esquema de cebo también aparece en un sitio web que ofrece vender un iPhone por solo 100 dólares cuando el precio real es de 1.000 dólares. Puede sospechar, pero ve que muchos usuarios han testificado que la oferta es real. Obviamente el atacante planeó esto.

Los usuarios que caen en este cebo descargan malware a sus computadoras y esto expone sus detalles y otra información sensible sobre otros usuarios con los que la víctima se contacta. Puede incluso pagarles 100 dólares, pero nunca recibir el iPhone prometido a cambio.

## Responder a Preguntas que No Realizó

A veces, los atacantes pueden contactarlo para brindarle ayuda de una empresa, mientras ofrecen beneficios. El ID del correo electrónico puede parecerse al de una empresa o banco de renombre. Si no es consumidor del producto, descartará el correo. Sin embargo, existe una alta probabilidad de que use el producto y de que realmente estuviera planeando contactar a la compañía para obtener ayuda. Qué conveniente que la empresa se acercara a usted proactivamente para ofrecer su ayuda.

Por ejemplo, es posible que no haya pedido ayuda con respecto a un problema con su sistema operativo, pero de repente ve un correo de Microsoft. El correo le ofrece solucionar el problema gratuitamente. Usted les responde y confía en ellos, abriéndose a varios exploits que el atacante ya ha planeado.

El atacante puede pedirle que se valide, y le pida brindar la información necesaria para iniciar sesión en el sistema o en la aplicación. En otras ocasiones, pueden pedirle ejecutar algunos comandos en su sistema para solucionar el problema. Cuando les permite hacer esto, acceden a su sistema.

### Creación de Desconfianza

Ciertas prácticas de ingeniería social solo son implementadas para crear desconfianza o conflictos. Estas son ejecutadas por personas que usted conoce y que tienen un problema con o por personas que simplemente quieren ver el mundo arder. Estos atacantes llenarán su cabeza con impresiones erróneas sobre otras personas que conoce, y luego entrarán como salvadores para ganar su confianza. Estas malas prácticas también son empleadas por extorsionadores que quieren manipularlo inicialmente y atacarlo después.

Este tipo de ingeniería social se inicia al obtener acceso a una de sus cuentas. Esto se logra hackeando su contraseña, haciendo ingeniería social, o simplemente adivinando su contraseña.

El atacante que ahora tiene acceso a sus medios, como videos o imágenes, puede editarlos según sus necesidades y reenviarlos a sus contactos para crear desconfianza. Fingen como si el contenido hubiera sido enviado por error. El atacante también puede usar los medios robados para chantajear al usuario que hackeó, o a la persona a la que le estaba reenviando el contenido.

Los ataques de ingeniería social tienen muchas variantes. La imaginación del atacante es el único límite para la cantidad de formas en que puede explotar a alguien. Un solo ataque puede contener múltiples exploits. El atacante puede vender su información a personas a las que usted no le agrada para que puedan explotarlo aún más.

# Cómo Evitar Caer en la Ingeniería Social

La vida útil de un ataque de ingeniería social es corta, y solo se necesitan unos pocos usuarios para que sea exitoso. Sin embargo, puede protegerse de ellos. Ni siquiera necesita mucho esfuerzo, ya que solo debe estar atento a su entorno la mayoría del tiempo.

# Consejos

### Tómeselo con Calma

Es una buena idea calmarse y pensar un poco. Los atacantes esperan que actúe de manera urgente y sin pensar. La mayoría de los atacantes de ingeniería social lo ponen en una situación que parece urgente. Esta debe ser su pista para tomarse las cosas con calma y revisar la situación adecuadamente.

### Dedique Algo de Tiempo a Investigar

Incluso si recibe un correo electrónico de una empresa que cree que conoce, revíselo a fondo, no solo el cuerpo del correo sino también la dirección de origen, la firma, etc. En caso de que no reconozca la compañía, haga una búsqueda simple para ver si realmente existe.

### No Haga Clic Ciegamente en los Enlaces

Si recibe un enlace en un correo, no haga clic en dicho enlace. Haga un esfuerzo manual para encontrar la URL de ese sitio web a través de una búsqueda y vea hacia dónde lo lleva la URL base. De esta forma, usted tiene el control del enlace y no al revés.

### Tenga Cuidado con el Hackeo de Correos Electrónicos

Los atacantes hackean cuentas de correo electrónico y se aprovechan de los contactos de la cuenta hackeada basándose en su confianza. Por lo tanto, cuando reciba un correo de alguien que conoce, pregúntese si lo estaba esperando. No haga clic en ningún enlace en el correo si no lo esperaba. Sería una buena idea llamar a la persona y verificar si realmente le envió el correo.

### No Descargue a Ciegas

Si no conoce al remitente, no descargue ningún archivo adjunto en el correo electrónico.

### Sepa que las Loterías son Falsas

Nadie le da mucho dinero gratis. Por lo tanto, si recibe un correo diciendo que ganó algo, especialmente sin participar en ningún tipo de competición, es una estafa. Un ejemplo clásico es una escena de Harry Potter y la Orden del Fénix, donde Tonks envía una carta a los Dursley diciendo que habían ganado una competencia al mejor césped. Ella solo hizo esto para esperar que los Dursley no se interpusieran en su camino cuando intentaran llevar a Harry a la Madriguera. Si recibe un correo electrónico de este tipo, es falso.

### Esté Atento a las Estafas Bancarias

Si el correo le solicita información personal y bancaria, lo más probable es que se trate de una estafa. Elimine este correo, y también cree un filtro para descartar todos los correos futuros de ese remitente.

### Rechace Ofertas de Ayuda

Las empresas genuinas no lo contactan proactivamente para ofrecer algún tipo de ayuda. Si recibe comunicación de alguien, especialmente cuando usted no inició la conversación, puede ser una estafa si dice que pueden hacer lo siguiente:

1. Le ofrecen ayuda para mejorar su puntaje crediticio

2. Reparar una aplicación o un software en su sistema

Si recibe un correo o mensaje de una organización benéfica que no conoce, elimínelo. Si realmente quiere donar a una de estas organizaciones, investigue y done a una organización benéfica legítima.

### Configure sus Filtros de Correo No Deseado

Los filtros de correo no deseado son una función que le permite clasificar los correos como legítimos o spam. Tómese un poco de tiempo y juegue con los filtros de spam. Establezca reglas para permitir solo los correos que desea. Hay guías disponibles a través de su proveedor de correo electrónico sobre cómo configurar sus filtros de spam. Una inversión de tiempo, tan corta como treinta minutos, hará que su "vida de correo electrónico" sea fácil para siempre.

### Proteja Todos sus Dispositivos

Instale soluciones antivirus y antimalware en todos sus dispositivos, y configure el software para que ejecute un análisis de rutina. El software debe ejecutar escaneos de tiempo real para cualquier correo electrónico entrante. Asegúrese de mantener actualizado su sistema operativo y el resto de su software habilitando las actualizaciones automáticas.

# Capítulo Siete: Seguridad de la Red y Técnicas de Protección

Este capítulo define la seguridad de la red y los diversos procesos asociados a ella. También examina los diferentes tipos de ciberataques que pueden afectar a su empresa, y arroja luz sobre lo importante que es proteger su red si quiere evitar una pérdida catastrófica.

## Seguridad de la Red

La seguridad de la red es un término general que cubre una variedad de procesos, tecnologías y dispositivos. La seguridad de la red es la configuración de reglas y políticas tanto en hardware como en software de cada aplicación o herramienta web para asegurar la integridad, accesibilidad y confiabilidad de los datos informáticos. Esto está estrechamente asociado con la infraestructura de red.

Los datos y las redes informáticas son vulnerables a numerosos ciberataques, y algunos de ellos fueron discutidos anteriormente en el libro. Por lo tanto, cada empresa, sin importar su tamaño, infraestructura o industria, necesita tener implementadas medidas de seguridad de red.

La arquitectura de la red evoluciona y se vuelve más compleja cada día. El entorno de amenazas también cambia constantemente y los atacantes intentan encontrar nuevos métodos para aprovechar vulnerabilidades de seguridad en el sistema. Existen vulnerabilidades en varios aspectos de la infraestructura de red, como datos, dispositivos, aplicaciones y usuarios. Dado esto, existen herramientas individuales disponibles que protegen estos aspectos. Puede usar estas herramientas para probar las aplicaciones para asegurarse de que la empresa cumpla con los términos de cumplimiento regulares. La seguridad de la red es de suma importancia, ya que incluso unos pocos minutos de inactividad pueden dañar la reputación y las finanzas de la organización.

# ¿Cómo Funciona la Seguridad de la Red?

La seguridad de la red en una organización tiene múltiples capas. Un atacante puede atacar cualquier capa en el modelo de seguridad de red. Por lo tanto, las empresas deben definir modelos de seguridad de red tanto para hardware como para software para abordar las áreas vulnerables.

Existen tres aspectos de la seguridad de la red: físico, técnico y administrativo.

### Seguridad Física de la Red

Este aspecto se encarga de los diferentes tipos de acceso físico a dispositivos relacionados con la red, como cables, módems, switches y routers. Una organización debe asegurarse de que solo empleados autorizados, especialmente aquellos que son parte del equipo de TI o de redes, tengan acceso a esos componentes. Algunas formas comunes en las que la empresa puede autorizar el acceso es a través de la biométrica, cerraduras de seguridad, etc.

### Seguridad Técnica de la Red

Este aspecto se encarga de la protección de los datos almacenados en una red o en tránsito a través de la red. La empresa debe incluir una doble protección para proteger los datos y sus sistemas asociados de acceso no autorizado. También se debe tener cuidado de proteger los datos contra actividades maliciosas de empleados internos. Es posible que los empleados internos no lo hagan intencionalmente, pero acciones como usar una unidad USB personal en propiedad de la empresa pueden ser una amenaza.

### Seguridad Administrativa de la Red

Este aspecto se encarga de los procesos y políticas de seguridad para mantener el comportamiento del usuario bajo control. Esto incluye la autenticación de los usuarios y el nivel de acceso según el rol y la designación del usuario en la organización. Por ejemplo, un usuario que es administrador de un banco no necesita acceso técnico a un servidor o dispositivo de red.

## Los Cinco Principales Ataques a Través de una Red que Pueden Afectar Su Empresa

El capítulo anterior discutió brevemente los diferentes tipos de ciberataques. Esta sección discutirá los cinco principales ciberataques a través de una red que pueden destruir su empresa.

Desde la programación de contrataciones hasta la gestión de relaciones con los clientes, la mayoría de las organizaciones realizan todas sus tareas en línea. La automatización ha reducido el esfuerzo humano y ha hecho los procesos mucho más eficientes y convenientes, abriendo una ventana de oportunidades para los ciberataques.

Un informe publicado por el Centro de Estudios Estratégicos e Internacionales señala que el daño causado por los ciberataques es de 600 mil millones de dólares anuales. La evolución de la tecnología ha llevado al desarrollo de nuevos métodos para que los atacantes puedan estafar a una empresa. Estos son los cinco principales ciberataques con los que las empresas deben lidiar.

### Amenaza Persistente Avanzada (APT)

El objetivo de este ataque es escanear la red y el software de la organización en busca de vulnerabilidades, y aprovechar dichas vulnerabilidades para robar datos. Una amenaza persistente avanzada puede pasar desapercibida por un largo tiempo. Este ataque fue introducido por primera vez por atacantes que querían robar información gubernamental. Los atacantes ahora usan este método para robar información confidencial de las organizaciones y exigir un rescate.

Algunos indicadores que le ayudarán a determinar si su organización es víctima de una amenaza persistente avanzada son las siguientes:

● Flujo irregular de información: es posible que observe que la infraestructura está experimentando un aumento repentino del tráfico entrante o saliente. El flujo de datos tiene un patrón irregular, y esto puede ocurrir entre redes, servidores, o conexiones entre servidores y clientes.

● Uso del paquete de datos: una amenaza persistente avanzada recopila los datos antes de transferirlos a la computadora deseada. Si observa que grandes volúmenes de datos o datos comprimidos se están transmitiendo por su red, podría indicar que su red está infectada.

● Mayor cantidad de inicios de sesión durante horas inesperadas.

● Cuando descubre troyanos de puerta trasera en la red y dispositivos asociados.

### Ataque de Denegación de Servicio (DoS)

Un ataque de denegación de servicio es un ataque realizado para evitar que un usuario genuino acceda a ciertos servicios, como cuentas bancarias o de correo electrónico. Un atacante ataca la red y el servidor, e inunda el ancho de banda con solicitudes innecesarias. El motivo de un ataque de Denegación de Servicio no es robar información, sino evitar el acceso al servidor o sitio web. La empresa puede sufrir enormes pérdidas financieras por esto.

Suponga que un usuario está tratando de acceder a su cuenta bancaria en línea. No pueden hacerlo, a pesar de tener una buena conectividad a Internet. Esto indica que el servicio está bajo un ataque DoS, y los usuarios genuinos no pueden acceder a sus cuentas.

### Hackeo del Internet de las Cosas (IoT)

El Internet de las Cosas se refiere a los dispositivos conectados a Internet ya sea de manera directa o indirecta. Cuando se habla de la configuración empresarial, incluye varios dispositivos IoT como termostatos, cerraduras, cámaras, etc. Un atacante puede aprovechar los dispositivos IoT para atacar una empresa. Por ejemplo, las empresas olvidan actualizar la seguridad de varios dispositivos IoT, y por ello, contienen muchas vulnerabilidades. Digamos que un empleado conecta su reloj inteligente a una computadora en el trabajo. Si el reloj inteligente tiene vulnerabilidades, el atacante puede explotarlas para acceder a la infraestructura completa en el trabajo.

Tendría sentido desinstalar aplicaciones en dispositivos IoT antiguos y sin uso para asegurarse de que un atacante no pueda aprovecharlos.

### Inyección de Lenguaje de Consulta Estructurado (SQL)

Una Inyección de Lenguaje de Consulta Estructurado (SQL), es un método de hackeo descubierto años atrás, pero que sigue siendo efectivo en la actualidad. SQL es un lenguaje operado en bases de datos y tablas programadas en Oracle, MySQL o Microsoft SQL. La inyección afecta cualquier aplicación que usa una de estas bases de datos, pero los atacantes apuntan a sitios web que usan estas bases de datos. Muchos casos de ataques de inyección de SQL han ocurrido en la última década.

Si un ataque de inyección de SQL es exitoso, el atacante puede modificar el contenido de un sitio web y recolectar información sensible, como detalles de cuentas de usuario. Existen dos etapas en una inyección de SQL. En la primera etapa, el atacante observa la infraestructura objetivo y reúne tanto conocimiento de esta como sea posible. Esta etapa también se conoce como Reconocimiento. La siguiente etapa es la etapa de ataque, donde el atacante usa la información recolectada para ingresar al sistema objetivo. En un ataque de inyección SQL, el atacante inyecta código malicioso en un comando SQL para ejecutar sus comandos.

### Hombre en el Medio

Un ataque de hombre en el medio es cuando un tercero intercepta una comunicación entre dos partes. Existen varios canales en línea que el atacante puede hackear para interceptar los datos, como sitios web, redes sociales, correos electrónicos, programas de mensajería, etc. Un atacante que emplee este ataque puede acceder a sus transacciones personales y comerciales. Un ataque de hombre en el medio puede evitar que le llegue un mensaje o redirigirlo a otra persona.

Esta es la razón por la que la mayoría de las aplicaciones de comunicación usan cifrado de extremo a extremo. Esto significa que cuando envía un mensaje, un algoritmo convierte el texto sin formato en caracteres cifrados. Una vez que el destinatario recibe este script, el algoritmo en su dispositivo descifra los caracteres de vuelta en texto sin formato. De esta forma, la información, aunque sea interceptada por alguien en el medio, es inútil, ya que no saben cómo descifrarla.

Estos son algunos de los ataques más comunes de los que son víctimas las empresas. La siguiente sección analiza los diferentes métodos que puede utilizar para proteger su compañía.

# Protegiendo a su Empresa de un Ciberataque

Múltiples empresas son golpeadas regularmente por ciberataques. La mayoría de los atacantes apuntan a empresas con características de seguridad obsoletas. Estas son las diversas formas en que usted puede evitar los ciberataques. Puede clasificar estos métodos en los siguientes tipos:

- Ciberseguridad mediante hardware
- Ciberseguridad mediante configuraciones y ajustes

# Ciberseguridad mediante Hardware

### Claves de Seguridad

Es posible que haya escuchado a algún amigo o miembro de su equipo diciendo que tienen la misma contraseña para todas sus cuentas. También pueden decir que su contraseña es su año de nacimiento u otras palabras simples. Por lo tanto, sin duda alguna, la mayor vulnerabilidad en el campo de la ciberseguridad son las personas.

La herramienta Yubikeys permite a los empleados acceder a sus cuentas sin usar una contraseña. Tampoco tienen que administrar la cantidad de contraseñas que deben cambiar. Este tipo de aplicaciones han ganado mucha popularidad, ya que los atacantes pueden realizar ataques de fuerza bruta para hackear este software. Pueden usar una combinación diferente de letras, números y caracteres hasta encontrar la contraseña correcta. Las empresas deben comprar una clave para todos sus empleados o miembros de los equipos que trabajan en proyectos sensibles. Al hacer esto, pueden conectar la clave en un dispositivo y acceder a las herramientas, aplicaciones y documentos necesarios.

Muchas veces, un atacante también puede engañar a un empleado mediante phishing para obtener información confidencial. Los ataques que provocan máximo daño son el resultado de trampas colocadas mediante ingeniería social que pasan por alto las alertas de seguridad, y aquellos que no activan ninguna alarma.

Un atacante experimentado intenta aprender sobre un empleado y conocer detalles intrincados acerca de él. Pueden obtener información sobre las personas con las que se comunican con regularidad. El atacante luego se disfraza de alguien que la víctima conoce y le envía un correo electrónico desde una identificación similar al correo del conocido. El atacante puede usar esos correos para persuadirlo de que haga clic en enlaces maliciosos para obtener información sobre la víctima.

Yubikeys puede ayudar a evitar ese tipo de escenarios y proporcionar funciones de seguridad adicionales, como identificar archivos o enlaces maliciosos.

### Firewall VPN

Usted protege su casa de los ladrones cerrando las puertas y ventanas. Esto también le ayuda a proteger a la gente en casa. Debe mantener esas cerraduras en su sistema y red para impedir el acceso no autorizado a ellos. Los equipos directivos superiores se sorprenden cuando los equipos de seguridad les aconsejan sobre una pieza física del equipo de seguridad. La mayoría responde con preguntas como, "¿Acaso no me protege el firewall integrado de mi computadora?". Sí, pero no garantiza las demandas de seguridad de una empresa.

Toda la comunicación, independientemente de la ubicación, puede ser cifrada usando un firewall VPN. Puede estar sentado en su oficina o cafetería y seguir manteniendo una conexión segura con Internet. Un firewall puede mantener líneas seguras de comunicación con cualquier persona con la que quiera hablar. Esto ayuda a abordar los ataques de fuerza bruta de Escritorio Remoto, que es el tipo más común de ataque ransomware. Un firewall VPN también monitorea y registra intentos de intrusión y proporciona características para filtrar el acceso de los empleados, para que no puedan acceder a sitios web dañinos.

Puede ahorrar costos comprando un firewall reacondicionado. Sin embargo, después de la compra, asegúrese que esté actualizado con el firmware más reciente antes de agregar empleados a las políticas de seguridad. Asegúrese de cambiar la contraseña por defecto del firewall, y configure la autenticación de dos factores para el acceso del administrador. Actualmente, muchos firewalls también tienen un componente de software para que los empleados lo instalen en sus dispositivos oficiales. Este proceso puede aumentar el proceso de inicio de sesión en algunos segundos, pero garantiza una mejor seguridad.

# Ciberseguridad mediante Configuraciones y Ajustes

### Autenticación Multifactor

La mayoría de las aplicaciones ofrecen autenticación de dos factores, pero los usuarios son muy reacios a usarla. Sin embargo, este ajuste de seguridad es muy efectivo y muy necesario hoy en día. Así es como funciona. El usuario primero inicia sesión en su aplicación usando su nombre de usuario y contraseña. Luego, el sistema o aplicación activa una contraseña temporal de un solo uso, que es enviada a otro dispositivo conectado a la aplicación y al usuario, como su teléfono inteligente. El usuario solo puede acceder a la aplicación una vez que ingresa esta contraseña.

Esto elimina los riesgos de la probabilidad de que un atacante haya adquirido el nombre de usuario y la contraseña de un usuario mediante métodos como phishing de correo electrónico, malware o keyloggers. Esto significa que el atacante ingresa su nombre de usuario y contraseña, pero no recibe la contraseña de un solo uso. Esto bloquea al atacante de la aplicación. La aplicación puede enviar una notificación al usuario si el atacante intenta hackear la aplicación en múltiples ocasiones.

## Bóveda de Contraseñas

Debido a que los usuarios acceden a múltiples aplicaciones, deben mantener diferentes contraseñas, pero la mayoría de los usuarios usa la misma contraseña en todas las aplicaciones y dispositivos. Esto lo hacen para no olvidar la contraseña. Existen aplicaciones de bóveda de contraseñas disponibles en la actualidad que permiten a los usuarios almacenar sus contraseñas. De esa forma, debe recordar una contraseña para la bóveda. La bóveda de contraseñas tiene características como crear contraseñas complejas, administrar y autocompletar contraseñas en formularios, aplicaciones, sitios web e inicios de sesión del sistema. Estas contraseñas son aleatorias y complejas, y, por lo tanto, difíciles de descifrar para un atacante.

## Actualizaciones Automáticas

Como se dijo anteriormente, la mayoría de las empresas no actualizan su software y aplicaciones, lo que hace que el sistema y la red sean vulnerables y propensos a ataques. Los proveedores de software proporcionan periódicamente parches y actualizaciones de software para mantener la seguridad de sus aplicaciones. Cada vez que se descubre una nueva vulnerabilidad en el software, los proveedores crean un parche para proteger dicha aplicación o software. Por lo tanto, si no actualiza regularmente el software, deja el software y aplicación abierto a cualquier ataque entrante. Por ello, es aconsejable dejar todo su software en actualización automática, para que descargue automáticamente cualquier parche desarrollado por el proveedor para cubrir la vulnerabilidad.

## Cifrado de Disco Completo

Todos los dispositivos que forman parte de una empresa siempre deben estar totalmente cifrados. Esto significa que dispositivos como teléfonos móviles, computadoras portátiles, discos duros y almacenamiento en red siempre deben tener una capa de cifrado.

Dado que la mayoría de las empresas permiten que los empleados trabajen desde casa, deben asegurarse de que, todos los dispositivos y datos de la empresa estén cifrados. Por un bajo costo, el cifrado de disco completo garantiza que sus datos estén seguros si alguna vez son robados.

### Escáneres de Malware

Los escáneres de malware están disponibles a bajo costo y ayudan a detectar cualquier amenaza de malware. El mercado ofrece diferentes tipos de escáneres de malware, y se clasifican según su funcionalidad y precio. Como se discutió anteriormente, es importante actualizar periódicamente su escáner de malware para asegurarse de que detecte nuevas vulnerabilidades.

### Bloqueo de Dirección de IP

Cada vez que trabaje en aplicaciones en línea, es importante bloquear las direcciones IP, especialmente aquellas que acceden a la aplicación. Además, puede agregar autenticación de dos factores a la aplicación para determinar si el usuario está accediendo a ella. Es mejor usar una autenticación multifactor antes de darle acceso al sistema a los usuarios.

Si usa aplicaciones de terceros con fines comerciales, también tiene sentido bloquear las direcciones IP que tienen acceso a las aplicaciones. Esto evita inicios de sesión de IP no autorizadas, y esas IP pertenecen a atacantes de otros países o regiones.

### Copias de Seguridad del Sistema

Si planta cultivos, pero no construye una cerca alrededor de la granja, permite que las personas pisen los cultivos o que entren roedores y dañen sus cultivos. Del mismo modo, si tiene muchos datos, asegúrese de protegerlos de ataques y desastres manteniendo una copia de seguridad. Haga esto de manera rutinaria, y almacene las copias de seguridad en discos cifrados en una red completamente diferente.

Asegúrese que los dispositivos de respaldo no funcionen usando las mismas credenciales de inicio de sesión de otros dispositivos. Cree y mantenga diferentes contraseñas para los respaldos, para que los atacantes no puedan descifrarlas fácilmente.

### Capacitación de Seguridad

Cree rutinas de formación para sus equipos y enséñeles las mejores prácticas de seguridad. Un pequeño video de capacitación de quince a veinte minutos sobre temas como el phishing, la suplantación de identidad, la ingeniería social, etc., puede ayudar a los empleados a aprender sobre varios tipos de ciberataques.

### Office 365

Si su organización usa Office 365, asegúrese de consultar la herramienta de Puntaje de Seguridad de Office 365. La herramienta pasa por los ajustes y las configuraciones activos para generar un puntaje de seguridad para usted. Según el puntaje de seguridad, también le brinda sugerencias sobre lo que debe hacer para mejorar su puntaje de seguridad. Un mejor puntaje de seguridad señala que su red y sus herramientas son seguras.

### G-Suite

Muchas empresas usan G-Suite en la actualidad como solución de correo electrónico. Google ha implementado todas las medidas de seguridad, por lo que activa una notificación cada vez que detecta actividad inusual en cualquiera de sus cuentas. Por ejemplo, inicio de sesión mediante un dispositivo o dirección IP diferente.

### Evolución Continua

Es importante para toda empresa, sin importar si es una organización grande o pequeña, aprender más acerca de las prácticas de ciberseguridad más recientes y amenazas emergentes en el mundo de la información. Por lo tanto, mantenga a su empresa y trabajadores actualizados acerca de las políticas de seguridad, el hardware y el software relacionado a su organización.

Con todos estos ajustes y configuraciones implementados para su empresa, tendrá un mejor control sobre la infraestructura de su compañía. De esa manera, puede identificar eficazmente una potencial amenaza cuando experimente un ataque o incluso antes de que lo golpeen.

# Algunos Consejos para Mantener la Ciberseguridad

Esta sección enumera algunos consejos para ayudarlo a mantener la ciberseguridad en sus sistemas personales. Este capítulo le ayuda a entender cómo las empresas pueden mantener la seguridad en la red y en las aplicaciones.

### Los Hackers lo Atacarán

No puede pretender que un hacker nunca atacará su sistema o red. Debe recordar que todo individuo está en riesgo, y que siempre hay mucho en juego. Un hackeo puede dañar su bienestar personal y financiero, y arruinar su reputación o incluso la empresa. Por lo tanto, la ciberseguridad es responsabilidad de cada individuo. Siga los consejos mencionados en el libro y manténgase alerta. Debe hacer su parte para protegerse a sí mismo, a la empresa y a los demás.

Siempre actualice el software cuando instale cualquier software o aplicación en su sistema. Siempre recuerde que los programas y sistemas operativos son fundamentales para la gestión. Debe instalar las actualizaciones de seguridad para todo el software y aplicaciones en su dispositivo. Todo lo que debe hacer es activar la función de actualizaciones automáticas en la aplicación, para que las actualizaciones se descarguen automáticamente en su sistema. Asegúrese de actualizar sus navegadores y todos los complementos.

### Tenga Cuidado con las Estafas de Phishing

Como se mencionó anteriormente, una estafa de phishing es una amenaza, y los atacantes pueden usar varias técnicas de ingeniería social para engañarlo para que proporcione información personal y confidencial que puede ocasionar pérdidas personales y financieras. También discutimos los diferentes tipos de estafas de phishing que los atacantes pueden realizar. Siempre sospeche de cualquier mensaje de correo electrónico o llamada telefónica donde se le pida demasiada información. Si no está seguro de qué hacer cuando recibe correos electrónicos o mensajes de phishing, consulte los capítulos anteriores para aprender más sobre ellos.

### Siempre Mantenga Contraseñas Seguras

Cada usuario tiene muchas contraseñas para usar y administrar, y siempre es fácil tomar algunos atajos. Algunos usuarios reutilizan sus contraseñas antiguas, y esto es algo muy imprudente. Los programas de administración de contraseñas lo ayudan a mantener contraseñas únicas y diferentes en diferentes cuentas. Si no sabe qué tipo de contraseña mantener, use estas herramientas para generar contraseñas seguras. Estas aplicaciones también pueden recordarle que actualice periódicamente sus contraseñas.

### Mire en lo que Hace Clic

No visite sitios web desconocidos, y nunca descargue ningún software o aplicación de esas fuentes a menos que sepa para qué sirven. Estos sitios web alojan malware y se instalan automáticamente en su sistema cuando descarga la aplicación. Si encuentra que el enlace o archivo adjunto es sospechoso o inesperado, no debe hacer clic en él.

### No Deje los Dispositivos Desatendidos

La seguridad técnica es un aspecto de sus dispositivos, pero también existe la seguridad física que debe considerar. Cuando deja su teléfono, tableta o computadora portátil en un espacio público sin bloquearlo, cualquiera puede acceder a la información en esos dispositivos. Si protege datos en un disco externo o una unidad flash, debe asegurarse de que esté bloqueado y cifrado. Siempre bloquee la contraseña de su computadora de escritorio o portátil cuando no la use.

Debe comprender que los expertos en seguridad pueden ayudar solo hasta cierto punto. Si usted no les ayuda a proteger los sistemas y la red, no hay manera en que la empresa esté segura. El atacante puede hackear el sistema y obtener la información necesaria.

Utilice los consejos mencionados en este capítulo para evitar cualquier ataque causado por sus errores.

# Capítulo Ocho: Seguridad de Aplicaciones Web y Teléfonos Inteligentes

El capítulo anterior analizó cómo las organizaciones pueden proteger sus sistemas y redes. ¿Pero es esto suficiente? ¿O se necesita más? ¿Dónde termina exactamente el proceso de seguridad? El avance de la tecnología ha llevado al desarrollo de aplicaciones web. Hoy en día, la mayoría de las empresas tienen aplicaciones web, y también muchas usan la nube para almacenar los datos de manera segura. Las demandas de los clientes han evolucionado desde el surgimiento de la moderna Web 2.0 y las aplicaciones web basadas en HTML5. Los clientes quieren acceder a los datos y la información cuando quieren. Todas estas exigencias han ejercido presión sobre las empresas para que transfieran sus datos a aplicaciones web y a la nube. Por ejemplo, las operaciones bancarias y de compras han pasado a realizarse en línea. Ya no tiene que caminar físicamente hacia un banco o supermercado.

Esto ha hecho la vida más cómoda para los usuarios, ya que pueden hacer las cosas en la comodidad de su sofá, pero esto tiene algunos inconvenientes. Esto ha aumentado la cantidad de ciberataques o intentos hechos por los hackers. Esto llevó a la introducción de otro capítulo en el ámbito de la seguridad conocido como la Seguridad de Aplicaciones Web.

Este capítulo examina la seguridad de las aplicaciones web, algunos mitos que la rodean, y cómo las empresas pueden usar los firewalls de las aplicaciones para mantener a los atacantes alejados de sus empresas.

## Seguridad de Aplicaciones Web

Un firewall de aplicaciones web o WAF es un protocolo de seguridad que funciona a nivel de la aplicación para filtrar el tráfico HTTP y HTTPS, brindando así seguridad contra los atacantes en la capa de aplicación. En palabras simples, si un atacante trata de aprovechar una vulnerabilidad conocida en una aplicación web, puede bloquear dichos ataques y proteger al sitio web o aplicación de un ataque. Sin embargo, este proceso tiene algunas desventajas.

Estos son algunos de los inconvenientes:

*Solo puede detectar vulnerabilidades conocidas*

Un firewall de aplicaciones web tiene ciertas reglas configuradas en sus ajustes. Coincide con las reglas de tráfico web y clasifica la aplicación en función de si el tráfico coincidió o no con esas reglas. Dado esto, un firewall de aplicaciones web no puede protegerlo contra una vulnerabilidad recién descubierta en una aplicación web. Sin embargo, los firewalls de aplicaciones web son efectivos contra los ataques de denegación de servicio.

*Es tan bueno como su administrador*

Un firewall de aplicaciones web tiene reglas configuradas por un usuario. Esto significa que es tan bueno como el eslabón más débil de la cadena y el usuario que configura el firewall. Es difícil determinar si hay algún problema dentro del sistema. Por lo tanto, si un usuario experimentado no configura la aplicación web, puede resultar totalmente inútil.

*No soluciona problemas de seguridad en una aplicación web*

Una aplicación web no corrige automáticamente su código, y usted debe entender esto. Por lo tanto, si hay lagunas en la aplicación, solo puede proteger esas lagunas de los ojos del atacante según las reglas configuradas. El código aún debe ser corregido por un desarrollador humano.

*Un firewall de aplicaciones web es una aplicación normal y tiene sus vulnerabilidades*

Un firewall de aplicaciones web es un software, y como cualquier otra aplicación, está abierto a problemas de seguridad. Hay casos en los que los atacantes obtuvieron acceso de administrador al firewall de aplicaciones web a través de una vulnerabilidad y lo desactivaron. También irrumpen en el firewall de la aplicación.

Por lo tanto, los firewalls de aplicaciones web son una capa adicional de seguridad, pero no la solución final. Es una buena práctica tener un firewall de aplicaciones web (WAF) para una aplicación, pero si el presupuesto lo permite, siempre es una buena idea aplicar capas adicionales de seguridad.

Es importante prestar atención a las vulnerabilidades en el sistema o aplicación web, y solucionarlas independientemente de la presencia de un firewall de aplicaciones web. Las empresas deben tener pruebas de vulnerabilidad de aplicaciones web como parte integral de sus procesos de prueba de calidad de productos.

# ¿Cómo Puede Proteger las Aplicaciones Web?

Para entender si la aplicación web es completamente segura, debe identificar vulnerabilidades en el sistema antes de que un atacante las descubra y comience a aprovecharlas. Debe probar una aplicación web en busca de vulnerabilidades durante el ciclo de vida del desarrollo del software, y no solo cuando la aplicación es lanzada.

Existen varios métodos para probar una aplicación web en busca de vulnerabilidades. Puede utilizar cualquiera de los siguientes métodos:

● Use un escáner de caja negra para escanear la aplicación web.

● Use un escáner de caja blanca para detectar automáticamente problemas con el código de la aplicación.

● Audite manualmente el código fuente de la aplicación.

● Realice una prueba de penetración manual y una auditoría de seguridad.

No puede usar un solo método para probar las vulnerabilidades del sistema, ya que ningún método puede garantizar una tasa de detección del 100 por ciento. Cada método tiene sus ventajas y desventajas.

Por ejemplo, una herramienta automatizada puede descubrir casi todas las vulnerabilidades relacionadas con el código en comparación con un probador manual, pero no puede detectar ninguna laguna lógica. La herramienta no puede pensar como un atacante y tendrá un código o aplicación subyacente para realizar la prueba. Se requiere intervención manual para identificar fallas lógicas en el código. Por otro lado, puede llevar mucho tiempo, esfuerzo y dinero identificar manualmente lagunas técnicas, y no puede garantizar que el probador manual haya identificado todas las vulnerabilidades en el sistema.

Es aconsejable usar todas las herramientas disponibles para probar una aplicación web si no hay restricciones de tiempo y presupuesto, pero esto solo sucede en un escenario ideal. Por lo tanto, hablando de manera realista, una empresa necesita escoger la solución más efectiva en cuanto a tiempo y dinero para simular un ataque. La mayoría de las empresas usan un escáner de caja negra conocido como escáner de vulnerabilidades web. No hace falta decir que una auditoría manual debe hacerse después de un escáner automatizado de vulnerabilidades web. Esto asegura que se identifiquen las vulnerabilidades tanto técnicas como lógicas.

### Escáneres de Vulnerabilidades Web

Los escáneres de caja negra, también conocidos como escáneres de vulnerabilidades web, son aplicaciones automatizadas que escanean sitios web y aplicaciones web en busca de vulnerabilidades y otros problemas de seguridad. Los escáneres de vulnerabilidades web se hicieron populares porque son fáciles de usar y automatizan todo el proceso de escaneo. Si usa un escáner de caja blanca, debe acceder al código subyacente y contar con la ayuda de alguien que entienda sobre el desarrollo de aplicaciones. Pero con los escáneres de caja negra, cualquiera con un mínimo conocimiento técnico puede operar el escáner de vulnerabilidades web y probar una aplicación web.

¿Cómo elige el escáner correcto de vulnerabilidades web?

Internet está lleno de escáneres de vulnerabilidades web, tanto para usuarios comerciales como no comerciales. Es difícil elegir el escáner que se adapte mejor a sus necesidades. Por lo tanto, debe probar todos los escáneres disponibles para comprender cuál se adapta a su aplicación. Debe considerar múltiples aspectos antes de elegir un escáner de vulnerabilidades web. La primera y obvia pregunta es si usar un escáner gratuito o uno con una licencia pagada comercialmente. Se recomienda que siempre use un escáner comercial, ya que tienen actualizaciones periódicas, tienen soporte de equipos capacitados profesionalmente, etc.

Luego, puede elegir un escáner de vulnerabilidades web basándose en los siguientes criterios.

¿Qué tan bien puede identificar las superficies de ataque de aplicaciones web?

Cuando pruebe el escáner, examine cuidadosamente cuál tiene el mejor rastreador. Un rastreador es un componente del escáner, que escanea la aplicación en busca de todos los puntos de entrada donde el atacante puede iniciar el hackeo. Es un componente crítico, ya que es más fácil identificar vulnerabilidades solo cuando los puntos de entrada han sido identificados.

Para comprender qué rastreador es el mejor, analice los resultados proporcionados por cada rastreador. Utilice los siguientes parámetros:

1. El número de páginas escaneadas

2. El número de archivos utilizados

3. Varios parámetros incluidos durante el escaneo

Existe una posibilidad de que el rastreador no pueda escanear toda la superficie de la aplicación web. Esto sucede a menudo cuando el rastreador debe ser configurado manualmente, lo que nos lleva al siguiente punto.

### Facilidad de Uso del Escáner de Vulnerabilidades Web

Si bien la mayoría de los escáneres de caja negra se configuran automáticamente para escanear una aplicación web, algunos pueden necesitar que algunos parámetros sean especificados manualmente. Su empresa no necesita tener un equipo de seguridad de aplicaciones web dedicado para configurar un escáner de vulnerabilidades web según los requisitos de su empresa. Esto significa que el escáner de seguridad debe ser fácil de usar, para que cualquier persona con conocimientos básicos de programación o técnicos pueda configurar el escáner. Los escáneres de vulnerabilidades fáciles de usar ayudan a las empresas a ahorrar dinero, ya que no es necesario contratar especialistas para trabajar en ellos.

### Capacidad para Identificar Vulnerabilidades

El siguiente criterio es ver qué escáneres de vulnerabilidades web pueden identificar la máxima cantidad de vulnerabilidades y cuántos contienen falsos positivos. Los escáneres de vulnerabilidades web encuentran miles de vulnerabilidades en una aplicación web, pero más del 60 por ciento de ellas fueron falsos positivos.

Usted podría preguntarse por qué esto es un problema. El problema con los falsos positivos es que un auditor manual debe dedicar más tiempo a intentar verificar si la vulnerabilidad es realmente una vulnerabilidad. Esto es un desperdicio de recursos, y, por lo tanto, debe evitarse.

### Automatización

Una mayor automatización en un escáner de vulnerabilidades web equivale a más alivio para la empresa. Esto significa que un probador no necesita configurar manualmente cada parámetro, ya que el escáner ya está configurado para escanear vulnerabilidades conocidas. Hay más vulnerabilidades en una aplicación web de las que se ven a simple vista. Es prácticamente imposible para las personas identificar todas las vulnerabilidades, incluso si hay restricciones de tiempo. Es más seguro utilizar un escáner automatizado, ya que puede completar el escaneo e identificar vulnerabilidades en dos o tres horas.

Además, el conocimiento de un probador acerca de cualquier vulnerabilidad en el sistema depende de su experiencia. Un escáner de vulnerabilidades web automatizado ya está equipado con el conocimiento de las vulnerabilidades existentes en las aplicaciones web, y los desarrolladores de ese escáner actualizan constantemente la base de datos en función de las vulnerabilidades recién descubiertas en diferentes aplicaciones web.

Además de esos pasos técnicos que puede seguir para proteger su aplicación web, debe mantenerse informado. Internet está lleno de información con blogs y sitios web sobre seguridad de aplicaciones web. Puede proteger sus aplicaciones y software de mejor manera si actualiza periódicamente su conocimiento y sus habilidades, y se mantiene al tanto de lo que sucede en la industria.

### Seguridad de Teléfonos Inteligentes

Cuando alguien habla de un ataque de ransomware, la gente piensa inmediatamente en ataques a empleados que usan computadoras portátiles o de escritorio. Aquí es donde un atacante piensa de manera diferente. Un atacante siempre considera todas las opciones que lo ayuden a ingresar al sistema o red. Una forma fácil de hacerlo es a través de los teléfonos inteligentes, que son fáciles de hackear y ofrecen recompensas rápidas.

Los siguientes son algunos números relacionados con los delitos cibernéticos y los teléfonos inteligentes:

• Los informes sugieren que la cantidad de ataques a teléfonos inteligentes aumentó en un 50 por ciento en 2019 en comparación con 2018. Esto no fue solo para dispositivos Android. Se estima que, actualmente, alrededor de 1,6 millones de campañas de ataque están dirigidas a dispositivos Apple.

• Los informes del investigador Ponemon sugieren que, en los últimos doce meses, el 67 por ciento de las pequeñas y medianas empresas son víctimas de ciberataques, el 58 por ciento fueron víctimas de una brecha de datos. Todo esto debido a la seguridad ineficiente en los teléfonos inteligentes.

• El informe de brechas de datos presentado por Verizon en 2019 mostró que el 42 por ciento de las víctimas fueron propietarios de pequeñas empresas.

• El cuarenta y siete por ciento de las pequeñas y medianas empresas estuvieron de acuerdo en que no saben cómo proteger sus teléfonos inteligentes para proteger sus compañías.

Atacar teléfonos inteligentes se está volviendo popular, ya que los atacantes siempre buscan nuevas maneras de atacar su empresa. Por ejemplo, incluso los ataques patrocinados por el estado han comenzado a integrar teléfonos móviles para recopilar información para sus ataques. La razón por la cual los teléfonos inteligentes son atacados es porque todos dan por sentada la seguridad de los teléfonos inteligentes.

Estas son las maneras más simples en que los usuarios y propietarios de empresas pueden proteger sus teléfonos inteligentes y datos:

### Actualice el Sistema Operativo y las Aplicaciones

Al igual que como lo haría en el caso de su computadora portátil o de escritorio, también es importante mantener el sistema operativo de su teléfono inteligente y sus aplicaciones al día. Mucha gente está inactiva respecto a actualizar el sistema operativo de su teléfono inteligente y las aplicaciones. Esto abre sus teléfonos inteligentes a nuevas vulnerabilidades. Cuando los proveedores de sistemas operativos y aplicaciones lanzan una aplicación, intentan reparar cualquier vulnerabilidad descubierta. Por ejemplo, cuando OnePlus decide actualizar el sistema, le envía una notificación. Una vez que la descarga e instala, le dice qué correcciones le hizo a su teléfono. Los proveedores de aplicaciones también hacen lo mismo. A veces, puede haber una actualización semanal. Si no actualiza su teléfono inteligente, se convierte en un blanco fácil para los atacantes.

En la actualidad, las empresas también tienen una política de Traiga Su Propio Dispositivo (BYOD) donde los teléfonos inteligentes personales pueden conectarse a la red de la oficina. Dicho esto, las empresas deben capacitar a sus empleados acerca de la importancia de mantener sus teléfonos inteligentes al día.

### Bloquee Su Teléfono Inteligente

Mantener su teléfono desbloqueado es conveniente para revisar los mensajes de texto, correos electrónicos, etc., pero imagine si olvida su teléfono en una cafetería. ¿Qué cree que sucederá? Si no tiene un código de seguridad, cualquiera puede tomar su teléfono y acceder a toda su información. Si su teléfono contiene información de su empresa, pondrá en riesgo su empresa u organización debido a una negligencia menor.

Por lo tanto, siempre asegúrese de bloquear su teléfono con un código de acceso o autenticación biométrica.

## Utilice las Funciones de Seguridad Incorporadas del Dispositivo

Puede utilizar la función "localizar mi dispositivo" si extravió su teléfono inteligente. La característica hace sonar su teléfono, lo que puede amenazar al ladrón o ayudarlo a encontrar su teléfono si lo perdió temporalmente. Hay opciones en el teléfono incluso para eliminar todos los datos si hubo algunos intentos de contraseña incorrectos.

## Use Bluetooth y Wi-Fi con Prudencia

A muchas personas les gusta usar Wi-Fi gratuito o público. Si usa un teléfono inteligente con datos críticos de su empresa, piénselo dos veces antes de hacer esto. Asegúrese de que el Wi-Fi que utiliza sea de una red legítima. La conexión Wi-Fi gratuita disponible en espacios públicos como cafeterías, centros comerciales, etc. es menos segura.

Lo mismo ocurre con el Bluetooth. Las personas tienden a ignorar la función de Bluetooth dejándola encendida todo el tiempo. Un atacante puede aprovechar esta ignorancia e irrumpir en el teléfono si se acercan lo suficiente.

## Permisos de las Aplicaciones

Cuando instala una aplicación en su teléfono inteligente, le solicita permiso para acceder a ciertas funciones en el teléfono. Tenga cuidado antes de aprobar esos permisos. Por ejemplo, se entiende que Google Maps necesite acceder a su ubicación ya que la necesita para darle la información correcta. Por otro lado, si un simple juego que descargó le pide permiso para conocer su ubicación, debe estar alerta de inmediato. Por lo que sabe, los atacantes crearon el juego para acceder a su ubicación. Una aplicación puede solicitar otros permisos, por lo que asegúrese de leer dichos permisos antes de otorgarle acceso a la aplicación.

### Correos Electrónicos de Phishing y Spam

Su teléfono inteligente también tiene una aplicación de correo electrónico, y, por lo tanto, los atacantes pueden usar phishing para obtener información sensible. Por lo tanto, todo lo que aprendió en el Capítulo Tres es válido para los correos recibidos en su teléfono inteligente.

### Copias de Seguridad de Datos

Las copias de seguridad de datos son tan importantes para su teléfono inteligente como lo son para sus computadoras portátiles y de escritorio. Algunos problemas pueden ocurrir en cualquier momento. Su teléfono inteligente puede ser robado, o puede dañarlo accidentalmente. Por lo tanto, se recomienda que mantenga una copia de seguridad de los datos.

Los proveedores de teléfonos móviles actualmente incluso ofrecen copias de seguridad automáticas de sus datos a través de servicios en la nube como Google Drive para Android, e iCloud para iPhones. Siempre aproveche esta función, para que nunca tenga que preocuparse por perder sus datos.

### Aplicaciones Antivirus

Es bueno tener una aplicación de antivirus instalada en su teléfono inteligente, ya que protege su teléfono de cualquier tipo de malware. Los atacantes siempre liberan el malware primero en su dispositivo, por lo que lo mejor es instalar una aplicación antivirus para evitar cualquier ataque.

### Fuente de Sus Aplicaciones

La mayoría de los usuarios ignoran este hecho, pero es muy importante que las aplicaciones que descarga provengan de fuentes confiables. Para Android, la Play Store es una fuente confiable, y para Apple, la AppStore. Hay ciertas aplicaciones que no están disponibles en la Play Store o la AppStore, y esto se debe a razones de seguridad. Los usuarios tienden a descargar estas aplicaciones de otros lugares, las que pueden estar manipuladas por un atacante, y su teléfono inteligente se abre convenientemente para un ataque solo por su negligencia al descargar aplicaciones de terceros de fuentes no confiables.

Para concluir, los teléfonos inteligentes son extensiones cruciales de las empresas, ahora más que nunca, y ya no son simplemente un dispositivo usado solo para hacer llamadas. Dado su factor de forma, puede perderlo fácilmente, o puede ser robado. Por lo tanto, es realmente importante en el mundo moderno preocuparse por la seguridad de su teléfono inteligente tanto como se preocupa de sus otros dispositivos.

# Capítulo Nueve: 9 Métodos de Pruebas de Seguridad

Este capítulo examina los diferentes métodos de pruebas de seguridad. Al final, se centrará más en las pruebas de penetración. La mayoría de las organizaciones adoptan esta forma de prueba para identificar cualquier vulnerabilidad en el sistema y la red.

La empresa se asegura que haya medidas de prueba de ciberseguridad implementadas para verificar qué tan preparados están para cualquier posible ataque. Una empresa puede tener un equipo interno de pruebas o subcontratar las pruebas de seguridad a un equipo externo cuando surja la necesidad de realizar pruebas de seguridad.

Los atacantes son implacables cuando quieren realizar el ataque, y siempre buscan nuevas lagunas en el sistema. Hay métodos como Pruebas de Penetración, pruebas de Conciencia de los Usuarios, Evaluación del Equipo Rojo, etc., que pueden ayudar a las empresas a escanear su infraestructura en busca de lagunas que de otro modo serían pasadas por alto.

# Tipos de Pruebas de Seguridad

### Evaluación de Vulnerabilidad

El método de prueba de vulnerabilidad se emplea cuando una empresa necesita identificar inconvenientes dentro de sus sistemas, aplicaciones y redes por toda su infraestructura. Los siguientes aspectos se pueden revisar mediante la implementación de pruebas de vulnerabilidad:

- Aplicaciones Web
- Compilación del Sistema
- Dispositivos de Red
- Infraestructura de Red
- Superficies de Ataques de Phishing
- Aplicaciones Móviles

### Pruebas de Conciencia de los Usuarios

Las Pruebas de Conciencia de los Usuarios, también conocidas como UAT por sus siglas en inglés, es cuando los usuarios comerciales prueban las tareas de rutina en una aplicación. Una empresa se basa en sus empleados, pero como se mencionó, también pueden ser el eslabón más débil para la seguridad de un proceso empresarial. Al implementar pruebas de conciencia de los usuarios y simular ataques, una empresa puede determinar cómo los empleados reaccionan a un cierto tipo de ataque.

Las pruebas de conciencia de los usuarios han demostrado ser efectivas en identificar vulnerabilidades tanto digitales como físicas. Le ayudan a entender el nivel de preparación ante un ataque de phishing, y lo que debe hacer una empresa para educar a sus empleados en lo que respecta a la ciberseguridad.

## Evaluación del Equipo Rojo

Los atacantes no siguen ninguna regla, y hacen lo que se les place. Saben cómo utilizar diferentes herramientas y software para atacar el sistema y la red de una organización para robar información confidencial. También pueden encontrar una forma de interrumpir los servicios esenciales. Una Evaluación del Equipo Rojo ayuda a la organización a determinar qué tan preparada está para cualquier ataque.

Esta prueba cubre todas las superficies de ataque, internas o externas, y considera la capa de aplicación, capa de red, conciencia de los empleados, y los aspectos físicos de la seguridad. La prueba se lleva a cabo legalmente con todas las autorizaciones necesarias y utiliza vectores de ataque inofensivos para irrumpir en la infraestructura y explotarla de todas las formas posibles.

Los miembros de una evaluación del equipo rojo generalmente verifican las siguientes entidades en busca de exploits y vulnerabilidades.

### Físico

Las pruebas buscan vulnerabilidades a nivel físico, como la oficina, centros de datos, almacenes y otros edificios relevantes.

### Tecnología

Las pruebas cubren toda la infraestructura digital. El equipo también prueba los dispositivos móviles BYOD y oficiales y otros dispositivos de red como routers, switches, etc.

### Personas

Los equipos prueban a los empleados internos, contratistas externos, socios comerciales y otros departamentos de alto riesgo.

Una vez que se completa la evaluación, se elabora un informe detallado y se presenta a la administración. La administración luego consulta con varios expertos en ciberseguridad para tomar medidas preventivas y mejorar la infraestructura.

### Revisión de Compilación

Las revisiones de compilación son pruebas llevadas a cabo por un equipo dedicado de profesionales de seguridad en software cada vez que se lanza una nueva versión. Las revisiones de compilación ayudan a la organización a realizar una evaluación exhaustiva de cada nueva compilación de software. Esto ayuda al equipo a fortalecer aún más la seguridad del software a través de un circuito de retroalimentación, asegurándose que esté a salvo de un ataque.

Los siguientes componentes son puestos a prueba como parte de una revisión de compilación:

- Servidores
- Firewalls
- Directorio Activo
- Switches
- Routers
- Servidores de Bases de Datos
- Servidores de Aplicación
- Estaciones de Trabajo

### Pruebas de Penetración

La mayoría de las organizaciones adoptan ampliamente este método para abordar las preocupaciones de seguridad de la organización. Esta sección lo lleva a través del proceso de prueba de penetración.

La prueba de penetración es el proceso de probar aplicaciones para encontrar vulnerabilidades. Los equipos hacen esto bombardeando la red con vectores maliciosos tras obtener previamente la autorización de una empresa. La organización simula un ataque similar a un ataque real para identificar cualquier vulnerabilidad en todas las áreas superficiales de la infraestructura digital.

El propósito de las pruebas de penetración es encontrar las lagunas en un sistema y corregirlas antes de que un atacante pueda acceder al sistema sin autorización y robar información confidencial.

Una prueba de penetración también se conoce como pen-test y hacker ético. Ayuda a determinar si los mecanismos de defensa existentes son suficientes para prevenir cualquier ataque. Además, se generan reportes tras la finalización de una prueba de penetración, que le indican a la empresa qué contramedidas deben agregar al sistema y a la red para evitar cualquier ataque.

Un sistema puede tener vulnerabilidades debido a las siguientes razones:

### Error Durante el Diseño y Desarrollo

Nada es perfecto, y existe la posibilidad de fallas tanto en el software como en el hardware. La presencia de los errores más pequeños en el diseño del software puede exponer datos críticos durante un ataque.

### Mala Configuración del Sistema

Esta puede ser otra razón por la que existen vulnerabilidades en el sistema. Los sistemas mal configurados pueden abrir una puerta trasera para que el atacante ingrese al sistema y robe o destruya datos.

### Errores Humanos

Existen múltiples errores que un humano puede cometer cuando desarrollan la aplicación. También pueden cometer errores tontos, como dejar el sistema desbloqueado, codificación deficiente del software, dejar el escritorio y los documentos desatendidos, ser víctimas de estafas de phishing, etc., lo que puede resultar en brechas de seguridad.

### Complejidad

La vulnerabilidad de un sistema es directamente proporcional a la complejidad del sistema. Es probable que un atacante encuentre más superficies para atacar si el sistema tiene muchas características.

### Conectividad

Se convierte en un juego de niños para un atacante irrumpir en un sistema conectado a una red abierta o no segura.

### Contraseñas

La utilidad de las contraseñas es evitar accesos no autorizados a algo. Las contraseñas deben ser complejas para evitar que puedan ser adivinadas al azar. Las organizaciones deben desarrollar una política robusta de contraseñas. También es importante cambiar su contraseña con regularidad y no compartirlas con nadie. Estos son los conceptos básicos para asegurar una contraseña, pero a pesar de esto, las personas aún comparten sus contraseñas o las escriben en un papel y se olvidan de ellas, y usan contraseñas débiles.

### Entradas de Usuarios

Es posible que haya oído hablar de términos como desbordamiento de búfer, inyección de SQL, etc. Los usuarios dan diferentes entradas cuando usan una aplicación, y un hacker puede aprovechar estos sistemas de entrada para dañar el sistema.

### Administración

La gestión de la seguridad de los sistemas implica grandes costos y esfuerzos. Si la organización no tiene un proceso adecuado para gestionar el riesgo, los sistemas serán vulnerables y fáciles de atacar por un hacker.

### Entrenamiento Insuficiente

Cuando la organización no capacita a sus empleados y otro personal técnico, pueden ocurrir algunos errores.

### Comunicación

Los canales de comunicación, como Internet, redes móviles o teléfonos, han abierto nuevos medios para los ataques.

## Herramientas y Proveedores de Pruebas de Penetración

Hay herramientas automatizadas disponibles en el mercado actual que pueden ayudarlo a identificar vulnerabilidades estándar. Las herramientas de prueba de penetración escanean el código para ver si alguna línea de código puede resultar en una brecha de seguridad. También validan las técnicas de cifrado y encuentran lagunas en el sistema o la red. Además, también prueban los valores codificados en el código, como el nombre de usuario y la contraseña.

Debe considerar ciertos criterios antes de elegir una herramienta de prueba de penetración. Al menos deben satisfacer los siguientes requerimientos:

• Deben ser fáciles de usar, y, por lo tanto, fáciles de utilizar, configurar e implementar.

• Deben poder escanear su sistema independientemente de lo complejo que sea.

• Los informes generados por la herramienta deben ser capaces de clasificar las amenazas según el nivel de gravedad. Esto le ayudará a priorizar sus correcciones.

• Debe ser capaz de verificar vulnerabilidades automáticamente.

• También debe ser capaz de re-verificar cualquier exploit encontrado en los escaneos anteriores.

• Las herramientas deben ser capaces de elaborar registros e informes detallados.

Una vez que reduce el tipo de pruebas que su infraestructura requiere, puede capacitar a empleados internos o consultores externos para usar estas herramientas de seguridad. El siguiente es un conjunto de herramientas conocidas que se utilizan en las pruebas de penetración en todo el mundo.

### Nmap

Nmap es una herramienta de código abierto. Se utiliza para escanear y recopilar información de una red. En pocas palabras. Nmap usa paquetes IP para obtener información sobre lo siguiente:

- La cantidad de hosts disponibles en una red
- Los servicios ofrecidos por esos hosts
- El sistema operativo de los hosts
- Los firewalls usados por los hosts
- Y mucha otra información importante

Es compatible con todos los sistemas operativos y fue originalmente desarrollada para el escaneo masivo de redes, pero también funciona bien en hosts únicos.

### Wireshark

Wireshark también es una herramienta gratuita usada para escanear redes. Le proporciona una vista microscópica de las actividades de la red, y, por lo tanto, es ampliamente utilizada por empresas, gobiernos e instituciones educativas.

### Acunetix

Acunetix es una herramienta de pruebas de penetración usada por ingenieros de software y profesionales de la seguridad debido a que tiene numerosas características. Es fácil de usar, robusta y sencilla. Además de utilizar herramientas internas, una empresa también puede subcontratar directamente sus pruebas de penetración a empresas líderes en seguridad. Algunas de las cuales se mencionan a continuación.

### ScienceSoft

ScienceSoft es una compañía reconocida en el campo de la tecnología de la información por sus servicios de software. Sin embargo, también tiene interés en brindar soluciones de ciberseguridad a empresas. La compañía ha estado en el mercado por diecisiete años, y tiene experiencia en todos los métodos de pruebas de penetración, tales como caja blanca, caja negra y caja gris. Esta empresa puede evaluar empresas pequeñas, medianas y grandes.

Puede ponerse en contacto con el equipo de ciberseguridad de ScienceSoft para obtener ayuda en configurar una prueba de penetración para su empresa.

### ImmuniWeb

Basada en Ginebra, Suiza, ImmuniWeb es otra conocida empresa de pruebas de penetración. Su plataforma de pruebas de penetración cuenta con una función DevSecOps, que combina personas e inteligencia artificial para probar el sistema. También se compromete a tener cero SLA de falsos positivos. Además, afirman haber detectado la más alta cantidad de vulnerabilidades y haberlas reportado eficazmente. Tienen un completo conjunto de herramientas para pruebas de penetración, y también incluyen API, dispositivos IoT, dispositivos móviles, pruebas web, etc.

Tienen las siguientes características clave:

- Detección de nuevo código de forma continua.

- Pruebas manuales a precios asequibles.

- Aplicación de parches con un solo clic.

- Soporte 24/7.

- Integraciones CI/CD para DevSecOps.

- Integración instantánea.

- Panel de control con múltiples recursos.

### ¿Por qué Hacer Pruebas de Penetración?

Puede que se pregunte por qué este capítulo se centra principalmente en las pruebas de penetración. El ransomware WannaCry que golpeó al mundo en 2017 ya fue discutido. Fue responsable de bloquear las computadoras de más de dos mil millones de usuarios, y exigía dinero para desbloquear los sistemas.

Afectó a muchas empresas alrededor del mundo. Las pruebas de penetración podrían haber ayudado a estas empresas a prevenir un ataque de esta magnitud, dado que estas pruebas, cuando se realizan de manera regular, informan las lagunas en la seguridad.

Las pruebas de penetración ayudan principalmente con los siguientes escenarios:

- Proteger los datos del usuario.

- Identificar vulnerabilidades en una aplicación.

- Determinar el impacto en la empresa en caso de un ataque exitoso.

- Ayudar a una empresa a cumplir con los requisitos de seguridad.

- Muchos clientes de TI han comenzado a solicitar que se incluyan pruebas de penetración en el ciclo de vida de las versiones del software.

- Muchos datos financieros se transfieren entre sistemas en la actualidad, y deben ser protegidos.

Los datos del usuario son la moneda más grande del mundo, y la pérdida de dichos datos puede causar daños monetarios y de reputación a una organización. Por ejemplo, imagine a alguien hackeando un sitio web de redes sociales como Facebook, hackeando su base de datos de usuarios, y exponiendo estos datos públicamente en Internet. Facebook puede enfrentar consecuencias legales si eso alguna vez llegara a suceder. Por lo tanto, muchas empresas ahora se inscriben para obtener certificaciones de cumplimiento antes de hacer transacciones financieras a través de sus sitios web.

Algunas de estas certificaciones de cumplimiento incluyen:

- PCI DSS (Estándar de Seguridad de Datos para la Industria de Tarjeta de Pago)

- ISO/IEC 27002, OSSTMM (Manual de Metodología de Pruebas de Seguridad de Código Abierto)

# Tipos de Pruebas de Penetración

### Pruebas de Ingeniería Social

La ingeniería social ya fue explicada en detalle en el Capítulo Seis, por lo que ya sabe que los ataques de ingeniería social se ejecutan para engañar a las personas para que revelen información confidencial acerca de ellos mismos o de su organización. Por lo tanto, los humanos pueden ser el eslabón más débil en un sistema de seguridad.

Las pruebas de ingeniería social se ejecutan emulando un ataque de ingeniería social. Un empleado es llamado por teléfono o contactado por un medio como mensaje de texto o correo electrónico, y se presenta un escenario para intentar y probar si el empleado termina por revelar cualquier información. Si la prueba resulta positiva, será documentada, y se tomarán medidas para educar a los empleados acerca de esto.

### Pruebas de Aplicaciones Web

Como se discutió, se utilizan varias herramientas de software para probar qué tan seguro es el código de una aplicación web. Se prueba el código para detectar cualquier vulnerabilidad, y encontrar una manera de corregirla para evitar cualquier ataque. El equipo que realiza esta prueba escribe un informe que revela los defectos, para que el equipo de desarrollo pueda solucionarlos lo antes posible.

### Pruebas de Penetración Física

Muchas organizaciones tienen dispositivos físicos en su propiedad, y deben asegurarse de que solo personal autorizado pueda acceder a los dispositivos almacenados. Más aún en instalaciones gubernamentales y militares. Todos los dispositivos relacionados con la red y puntos de entrada físicos son probados en busca de cualquier vulnerabilidad. Esta prueba no es muy relevante para las pruebas de software como tal.

### Pruebas de Firmware de Red

Las redes son la parte más importante de la infraestructura digital de una organización. Por lo tanto, se realizan pruebas en todos los puntos de entrada de una red, y dichas pruebas verifican el tráfico que entra y sale del punto. Esta prueba puede ser realizada tanto de forma local como remota.

### Pruebas del Lado del Cliente

Durante estas pruebas, la organización prueba el software en la infraestructura del cliente para identificar cualquier vulnerabilidad en el sistema.

### Pruebas de Red Inalámbrica

Como el nombre sugiere, esta prueba escaneará todos los puntos de acceso Wi-Fi en una organización en busca de vulnerabilidades.

### El Ciclo de Vida de las Pruebas de Penetración

La organización sigue un proceso disciplinado cuando realiza una prueba de penetración. Aquí está el proceso:

### Recopilación de Datos

La primera etapa del ciclo de vida de una prueba de penetración es la recolección de datos. Los evaluadores de intrusión usan diversos métodos para recolectar información en el sistema objetivo. Los métodos pueden utilizar una herramienta o aplicación simple o compleja para recolectar los datos. Los evaluadores de intrusión también pueden inspeccionar el código fuente del sitio web para recopilar datos acerca del sistema. En pocas palabras, cualquier información del sistema objetivo disponible públicamente es útil y documentada. Existen varias herramientas pagadas y gratuitas disponibles que la organización puede usar para recopilar información acerca del sistema objetivo.

### Evaluación de Vulnerabilidad

Los datos recopilados en la primera etapa son analizados y utilizados para identificar las debilidades del sistema objetivo. Los evaluadores de intrusión ahora atacan superficies de ataque específicas para identificar cualquier vulnerabilidad. Pueden realizar estas pruebas mediante ensayo y error.

### Explotación

Basándose en la información recolectada durante la primera y segunda etapa, los hackers pueden usar diferentes herramientas para acceder al sistema y explotarlo. El exploit puede ser de cualquier tipo. Un evaluador de intrusión puede robar, modificar o destruir datos. Dado que esta es una prueba ética, los datos usualmente nunca son destruidos, ya que las pruebas son hechas ante servidores de producción.

### Mantención de Acceso

La siguiente etapa consiste en mantener el acceso. Un hacker no explota un sistema repetidamente, ya que puede activar la alarma. Por lo tanto, generalmente acceden al sistema o red una vez, y luego implementan herramientas para mantener su conexión con el sistema objetivo. Un evaluador de intrusión necesita cubrir esta posibilidad y emular las diferentes formas en las que un atacante puede mantener el acceso al sistema para poder reparar esas lagunas.

### Informar

La etapa final del ciclo de vida de la prueba de penetración consiste en informar. Se deben crear informes extensos y detallados sobre las pruebas realizadas, las vulnerabilidades encontradas, y los pasos que la organización puede tomar para reparar esas vulnerabilidades. El equipo debe presentar el informe a la alta dirección de la empresa, describiendo las pruebas y evaluaciones realizadas. Este informe puede ayudar a la dirección a comprender la prioridad de la seguridad de la infraestructura, e invertir el tiempo, esfuerzo y dinero necesarios para proteger la empresa contra un ataque real.

Para concluir, las pruebas de seguridad son una parte obligatoria del ciclo de vida de la entrega de software, y las organizaciones nunca deben descuidar este proceso. Cuesta un poco, pero definitivamente ayuda a la empresa a proteger sus activos ante ciberdelitos de alto nivel.

# Capítulo Diez: Habilidades Necesarias para una Carrera en Ciberseguridad

Se está acercando al final de este libro, y hasta ahora, ha aprendido mucho sobre ciberseguridad. Entonces, ¿qué sigue? Es bueno tener todo este conocimiento, pero ¿qué debería hacer si quisiera utilizarlo? Este capítulo analiza las carreras disponibles en ciberseguridad, y las habilidades que necesita desarrollar para seguir dicha carrera. La clasificación de los roles en este capítulo lo ayudará a decidir en qué área le gustaría trabajar.

Una carrera en ciberseguridad no es un lecho de rosas; puede ser estresante. Sin embargo, tiene sus recompensas. Los profesionales de la ciberseguridad se encuentran en diferentes roles por toda la organización, pero su objetivo sigue siendo el mismo. Deben desarrollar métodos y herramientas para proteger los datos de la organización de cualquier ataque.

El proceso de conseguir un rol de ciberseguridad en la industria no siempre es sencillo. Algunas personas se lanzan a este campo inmediatamente luego de salir de la universidad, mientras que otros prefieren obtener algo de experiencia en ingeniería de software antes de elegir pasar a un puesto más enfocado en la seguridad.

Aquí hay algunas opciones de carreras disponibles en el campo de la ciberseguridad según la experiencia del candidato.

# Roles de Nivel Inicial

- Administrador de Sistemas
- Ingeniero de Sistemas
- Desarrollador Web
- Técnico de TI
- Ingeniero de Redes
- Especialista en Seguridad

# Roles de Nivel Medio

- Analista de Seguridad
- Técnico de Seguridad
- Analista de Incidentes
- Consultor de Ciberseguridad
- Auditor de TI
- Evaluador de Intrusión

# Roles de Nivel Superior

- Arquitecto de Ciberseguridad
- Gerente de Ciberseguridad
- Ingeniero de Ciberseguridad
- Director de Seguridad de la Información

# Cuatro Carreras Populares en Ciberseguridad y Cómo Llegar a Ellas

### Arquitecto de Seguridad

Si le gusta resolver problemas y desarrollar estrategias para evitar los mismos problemas, considere el rol de arquitecto de seguridad.

Un arquitecto de seguridad es responsable de diseñar, desarrollar e implementar la seguridad para los sistemas y redes de una organización. Son capaces de desarrollar estructuras de seguridad complejas y eficientes. Las estructuras de seguridad pueden prevenir cualquier malware, DDoS y otros ataques.

El salario promedio de un arquitecto de seguridad en los EE. UU. es alrededor de 120.000 dólares por año. Los arquitectos de seguridad deben tener al menos cinco años de experiencia en la industria de TI, y de tres a cinco años en seguridad.

Siga el camino que se indica a continuación si desea seguir una carrera como arquitecto de seguridad:

• Obtenga un título en tecnología de la información, ciencias de la computación o cualquier otro campo relevante. Alternativamente, puede obtener certificaciones equivalentes a nivel industrial.

• Ingrese a la industria como administrador de sistemas, administrador de seguridad o administrador de red.

• Trabaje en la misma organización por un tiempo, y ascienda en la organización hasta que alcance el nivel de ingeniero de seguridad.

• En este punto, puede cambiar a un rol de arquitecto de seguridad.

Las responsabilidades de un arquitecto de seguridad son las siguientes:

• Investigar sobre las tendencias actuales de ataques y diseñar la arquitectura de seguridad para todos los proyectos de TI de la empresa.

- Proveer el requisito de redes y dispositivos de redes a la administración.

- Realizar pruebas de seguridad, como análisis de riesgos y pruebas de vulnerabilidad.

- Investigar sobre los últimos estándares en seguridad e implementarlos en la organización.

### Formación

El rol de un arquitecto de seguridad es de alto nivel, y, por lo tanto, los gerentes de reclutamiento buscan certificaciones específicas cuando contratan a cualquier candidato. Las certificaciones a nivel industrial en ciberseguridad le dan a su perfil una ventaja sobre sus competidores. Primero puede obtener un certificado CompTIA Security+, y luego proceder a la certificación Certified Ethical Hacker (CEH).

Para pasar a los niveles avanzado y experto, puede conseguir una certificación de Analista de Seguridad Certificado EC-Council (ECSA), y acreditarse como Profesional Certificado de la Seguridad de Sistemas de la Información (CISSP).

### Consultor de Seguridad

Un consultor de seguridad, también conocido como experto en ciberseguridad, sabe todo lo que se debe saber acerca de la ciberseguridad. Analizan riesgos y problemas y brindan soluciones adecuadas a otras organizaciones para proteger su infraestructura y sus datos. Algunas organizaciones utilizan un nombre diferente para este rol. Algunos términos usados comúnmente son consultor de seguridad, consultor de seguridad de red, o consultor de seguridad de base de datos.

Se espera que un consultor de seguridad sea versátil y capaz de responder cualquier consulta relacionada con la seguridad. El rango salarial depende de la experiencia, pero un consultor de seguridad de alto nivel puede ganar hasta 106.000 dólares por año en EE. UU. La mayoría de las organizaciones prefieren contratar consultores con al menos tres a cinco años de experiencia.

Puede seguir el camino descrito a continuación para convertirse en consultor de seguridad:

● Obtenga un título en tecnología de la información, ciencias de la computación, ciberseguridad o cualquier otro campo relevante. Alternativamente, puede obtener las certificaciones equivalentes a nivel de la industria.

● Ingrese a la industria a través de un rol general de TI.

● Continúe trabajando en la misma organización y ascienda por la escalera hasta alcanzar un rol de administrador, auditor o analista de seguridad.

● Obtenga algunas certificaciones a nivel de la industria y mejore sus habilidades.

● Intente pasar a un rol de consultor de seguridad.

Las tareas diarias de un consultor de seguridad son las siguientes:

● Determinar maneras de proteger los sistemas, redes y datos de los ataques.

● Realizar evaluaciones de seguridad y pruebas de vulnerabilidad.

● Comunicarse con el personal y los empleados para comprender los problemas de seguridad.

● Usar soluciones estándar de la industria para probar la seguridad.

● Supervisar y guiar al equipo de seguridad de la organización.

### Formación

Puede comenzar con la certificación CompTIA Security+, y luego seguir con la acreditación Certified Ethical Hacker (CEH). También necesita obtener la certificación de Analista de Ciberseguridad (CySA+).

Entre las certificaciones avanzadas se encuentran las de Auditor Certificado de Sistemas de Información (CISA), Analista de Seguridad Certificado EC-Council (ECSA), y Gerente Certificado de Seguridad de la Información (CISM). Para llegar al nivel experto, puede acreditarse como Profesional Certificado de la Seguridad de Sistemas de la Información (CISSP).

### Hacker Ético/Evaluador de Intrusión

Los evaluadores de intrusión, también conocidos como hackers éticos, entienden cómo piensa un atacante, y usan ese entendimiento para simular diferentes ataques a los sistemas y redes de una organización para evitar cualquier ataque malicioso. Realizan este ataque solo con el consentimiento de la administración, identificando los puntos débiles antes de que un atacante pueda explotarlos. Esto ayuda a la empresa a proteger sus datos confidenciales y críticos, tanto cuando se encuentran almacenados como cuando están en tránsito.

El salario promedio de un evaluador de intrusión en EE. UU. es de 80.000 dólares por año.

Si quiere convertirse en un evaluador de intrusión, siga la trayectoria profesional descrita a continuación:

● Obtenga un título en tecnología de la información, ciencias de la computación, ciberseguridad o cualquier otro campo relevante. Alternativamente, puede obtener las certificaciones equivalentes a nivel de la industria.

● Ingrese a la industria como administrador de sistemas, administrador de seguridad, o administrador de redes.

● Obtenga algunas certificaciones a nivel de la industria y mejore sus habilidades.

● Continúe trabajando en la organización hasta que logre ascender dentro de la organización, y obtenga un puesto senior de evaluador de intrusión, arquitecto de seguridad o consultor de seguridad.

Los deberes de un evaluador de intrusión son los siguientes.

- Realizar pruebas de penetración en aplicaciones, sistemas y redes.

- Analizar las debilidades para determinar los métodos que un atacante podría usar para explotar el sistema.

- Discutir y documentar los hallazgos con los equipos de TI.

- Diseñar e implementar nuevas herramientas para pruebas de penetración para mantenerse al día con los ataques modernos.

### Formación

Comience con la certificación CompTIA Security+ y siga con la acreditación Certified Ethical Hacker (CEH). En un nivel avanzado, puede obtener la acreditación Profesional de Seguridad Avanzado CompTIA (CASP) y Analista de Seguridad Certificado EC-Council (ECSA). Para convertirse en un experto, puede acreditarse como Profesional Certificado de la Seguridad de Sistemas de la Información (CISSP).

### Director de Seguridad de la Información (CISO)

El perfil del Director de Seguridad de la Información es un perfil de alto nivel en el campo de la ciberseguridad. Es un trabajo muy respetado y gratificante, e incluye mucho poder y libertad en cuanto a la creatividad. El Director de Seguridad de la Información es responsable de formar un equipo de seguridad y mantener una visión macroscópica de la seguridad de la organización. El CISO informará al CEO de la organización.

El salario promedio de un CISO es alrededor de 160.000 dólares en EE. UU. Debe tener al menos siete a diez años de experiencia en el campo de la ciberseguridad, y cinco de ellos deben incluir la administración de equipos de seguridad.

Puede alcanzar el nivel profesional de un CISO haciendo lo siguiente:

● Obtenga una licenciatura en tecnología de la información, ciencias de la computación, ciberseguridad, o cualquier otro campo relevante. Alternativamente, puede obtener las certificaciones equivalentes a nivel de la industria.

● Ingrese a la industria como analista o programador.

● Continúe trabajando en la organización hasta que ascienda en la escala para convertirse en un ingeniero, auditor, consultor o analista de seguridad.

● Obtenga algunas certificaciones a nivel de la industria y mejore sus habilidades.

● Intente convertirse en gerente de un equipo que se encargue de la seguridad.

● Obtenga un título de MBA con un enfoque en TI.

● Obtenga un ascenso al puesto de Director de Seguridad de la Información (CISO).

Será el jefe del equipo de TI, y sus responsabilidades serán las siguientes:

● Realizar la última ronda de entrevistas para contar con el mejor equipo de expertos en seguridad de TI.

● Crear nuevos planes para la implementación de proyectos de seguridad y trabajar en mejorar los métodos existentes.

● Analizar y aprobar el diseño y el desarrollo de políticas de seguridad propuestas por los equipos de TI y seguridad.

● Establecer programas de gestión de riesgos colaborando con otros líderes de la organización.

● En caso de una brecha, el CISO debe hacerse cargo de los equipos de seguridad y proponer un plan de acción para reparar y evitar la brecha en el futuro.

### Formación

Cuando comience su viaje en la industria de la seguridad de la información, debe acreditarse como Auditor Certificado de Sistemas de Información (CISA). En el nivel avanzado, debe acreditarse como Gerente Certificado de Seguridad de la Información (CISM), conviértase en un experto acreditándose como Profesional Certificado de la Seguridad de Sistemas de la Información (CISSP).

# Conjunto de Habilidades Necesarias para una Carrera en Ciberseguridad

Estas son algunas de las habilidades que buscan los reclutadores cuando contratan personas para la industria de la ciberseguridad.

### Habilidades Blandas

*Liderazgo*

Un experto en seguridad dirige a su equipo a través de su ética, credibilidad y capacidad de respuesta. Con increíbles habilidades de comunicación, un experto de seguridad puede ganarse la confianza y el respeto de la alta dirección. También es importante comprender los riesgos internos y externos de la organización. Los líderes de seguridad presentan toda la información clave a la gerencia, e impulsan la empresa a través de decisiones informadas.

*Siempre Aprendiendo*

Un experto en seguridad debe mantenerse al día con las últimas tendencias en ataques y soluciones para estos ataques. Una aptitud para el aprendizaje resulta útil para su crecimiento personal y profesional. La seguridad siempre está evolucionando en la industria de TI, y requiere alguien que aprenda rápido y pueda mantenerse al día.

### Determinación

El panorama de los entornos de amenazas siempre está cambiando, y esto desmotiva fácilmente a algunos expertos en seguridad. Si no sabe cómo afrontar un ataque, no se rinda. Persevere y encuentre una manera de resolver el problema. La determinación y la persistencia siempre le ayudan a resolver el problema. Un experto ideal en seguridad siempre trabaja en identificar una solución para cualquier problema hasta el final, y no se rinde a mitad de camino.

### Colaboración

Debe comprender que la ciberseguridad es una responsabilidad compartida de las empresas. Hay múltiples equipos involucrados, como desarrolladores de aplicaciones, ingenieros de redes, administradores de servidores, gestión y más. Debe asegurarse de colaborar con todos los equipos de la organización y respetar sus aportes, ya que todos los aportes pueden ser útiles. Además, cuando se relaciona con las partes interesadas, pueden explicar la importancia y la necesidad de la seguridad. Asegúrese de que ningún departamento en la organización ignore la seguridad.

### Analítico y Perspicaz

Un experto en seguridad habiloso es bueno analizando los ataques entrantes, y puede evaluar cómo repelerlos. Entienden mejor las superficies de ataque y sus vulnerabilidades para minimizar los ataques en el futuro. Puede llevar algunos años desarrollar este conjunto de habilidades, y a veces, también es una intuición que ayuda a algunas personas.

### Proceso de Pensamiento Hipercrítico

Un experto en seguridad habiloso sabe cómo piensa el atacante. Esto les ayuda a visualizar cómo el atacante puede planificar y ejecutar el ataque. Por lo tanto, saben cómo pensar como el atacante, y realizan pruebas de penetración para identificar vulnerabilidades en el sistema antes de que el atacante las utilice para explotar el sistema y la red.

*Accesible*

Un experto en seguridad debe comunicarse constantemente con otros equipos. A veces, es posible que otros equipos incluso deseen consultar al experto en seguridad antes de realizar cambios en las políticas o el código de la red. Por lo tanto, debe ser accesible para que otros líderes y miembros del equipo puedan consultarlo. El esfuerzo combinado ayuda a la empresa a fortalecer sus políticas de red y seguridad.

*Director de Proyecto*

Dado que usted es un líder en ciberseguridad, trabaja día tras día para proteger su organización de los ataques. Debe desarrollar soluciones holísticas en lugar de implementar una solución para cada módulo de ataque.

# Habilidades Técnicas

*Gestión y Respuesta a Incidentes*

Como experto en seguridad, se espera que maneje cualquier amenaza que viole la seguridad de la organización en tiempo real. Puede haber un incidente que involucre malware, phishing, ransomware, etc., y es fundamental que pueda manejar la situación, resolverla y evitar que vuelva a suceder.

*Gestión SIEM*

SIEM son las siglas en inglés de Información sobre la Seguridad y Gestión de Eventos. Hay herramientas y servicios que son parte de SIEM, y se espera que un experto en seguridad esté bien versado en ellos. Debe aprender a automatizar los procedimientos de seguridad usando herramientas SIEM, para que la organización convierta las alertas en tiempo real en planes de respuesta para evitar el efecto.

*Firewall*

Un experto en seguridad debe conocer a fondo los pormenores de la configuración del firewall para que sea más fácil filtrar el tráfico malicioso de la red. Además, deben estar muy bien informados acerca de la detección de intrusiones y los sistemas de prevención de intrusiones, y cómo podrían usarse en combinación con el firewall.

*Detección de Intrusiones*

Se espera que conozca a fondo el funcionamiento del sistema de detección de intrusos, para que pueda aprovecharlo contra cualquier ataque.

*Seguridad de la Aplicación*

Un buen experto en seguridad puede encontrar lagunas en la aplicación y repararlas antes de que se produzca el ataque. También es una buena práctica probar las aplicaciones durante el ciclo de vida de desarrollo del software para identificar cualquier vulnerabilidad, y solucionarla antes de liberar la aplicación en producción.

*Prevención de Malware*

Un buen experto en seguridad puede identificar amenazas persistentes avanzadas que pueden eludir las soluciones de seguridad tradicionales, como firewalls, antivirus, etc.

*Gestión de Dispositivos Móviles*

Un experto en seguridad debe trabajar con el equipo de TI para explicar cómo los hackers pueden explotar dispositivos móviles como teléfonos inteligentes, computadoras portátiles, tabletas, etc., para irrumpir en el sistema. Deben discutir más a fondo cómo proteger esos dispositivos para evitar una brecha de seguridad.

*Gestión de Datos*

Los datos son el activo más caro para cualquier empresa, y un experto en seguridad debe gestionarlos y protegerlos a toda costa.

### Análisis Forense Digital

Un experto en seguridad debe saber sobre análisis forense digital, y aprovechar las herramientas forenses para encontrar anomalías en los datos o la red, que pueden ser una puerta trasera para un atacante. Posteriormente, deben reparar los datos o la red en caso de que se encuentre cualquier anomalía.

### Gestión de Identidad/Acceso

A través de la administración de identidades y accesos, la organización crea roles, clasifica a los usuarios en grupos, y luego les asigna roles. El equipo de TI define estos roles junto con la administración, y se espera que un experto en seguridad audite los niveles de acceso otorgados a los usuarios y grupos de la organización con regularidad.

### Inteligencia y Analítica

Un experto en seguridad debe saber cómo utilizar la analítica para entender patrones de ataque históricos y aprender cómo predecir ataques futuros y estar preparado para ellos. Los informes sugieren que aprovechar la analítica para combinar datos de red y de aplicaciones, puede ayudar a prevenir ataques.

### Auditoría y Cumplimiento

Mientras se protegen los sistemas y las redes, un experto en seguridad debe asegurarse de que la organización cumpla con todas las normativas, como PCI DSS, SOC, GDPR, HIPAA, PCAOB, SOX, etc. Las auditorías de cumplimiento y seguridad son fundamentales, ya que la inobservancia del cumplimiento regulatorio puede resultar en enormes sanciones y multas por parte del gobierno.

# Conclusión

Los delitos cibernéticos ocurren cada segundo en Internet. Los cibercriminales están constantemente planificando delitos, independientemente si es por ganancias monetarias o para alterar la paz del mundo digital. Por lo tanto, la ciberseguridad hoy es más relevante que nunca. Las empresas deben protegerse de varios tipos de ataques que los hackers pueden lanzar en sus sistemas y redes. Es de esperar que, al completar este libro, usted tenga suficiente conocimiento para protegerse a usted mismo y a su empresa de los cibercrímenes actuales.

Al mismo tiempo, este libro podría haberlo inspirado a emprender una carrera en ciberseguridad. La demanda por profesionales de la ciberseguridad ha aumentado en los últimos años, dado que la cantidad y los tipos de cibercrímenes han aumentado significativamente. Para los reclutadores de todas las industrias es muy difícil encontrar el talento adecuado para este trabajo, y esto le brinda a cualquier persona con las habilidades y calificaciones adecuadas una enorme oportunidad. También existe un sentido de urgencia para ocupar esos puestos, ya que los cibercriminales constantemente planean nuevos ataques y nunca se toman vacaciones.

Este libro lo ha llevado por todo lo que debe saber como principiante en el ámbito de la ciberseguridad, y cómo comenzar a planificar si desea tomarlo como una carrera. También ha aprendido lo suficiente para mantenerse protegido en Internet.

# Referencias

https://www.forcepoint.com/cyber-edu/cybersecurity

https://www.cisco.com/c/en/us/products/security/what-is-cybersecurity.html#~how-cybersecurity-works

https://www.cybintsolutions.com/20-cyber-security-terms-that-you-should-know/

https://list25.com/25-biggest-cyber-attacks-in-history/

https://www.varonis.com/blog/cybersecurity-careers/

https://www.newhorizons.com/article/4-cybersecurity-career-paths-and-the-training-to-get-you-there

https://cipher.com/blog/the-must-have-skill-sets-certifications-for-cyber-security-careers/

https://www.integrity360.com/cyber-security-testing

https://www.softwaretestinghelp.com/penetration-testing-guide/

https://www.netsparker.com/blog/web-security/getting-started-web-application-security/

https://www.zdnet.com/paid-content/article/protecting-your-mobiles-from-a-rise-in-cybersecurity-attacks/

https://www.businessnewsdaily.com/11197-protect-your-smartphone-from-hackers.html

https://www.forcepoint.com/cyber-edu/network-security

https://www.coxblue.com/how-to-protect-your-business-from-cyber-attacks-2/

https://www.tetradefense.com/cyber-risk-management/13-ways-to-protect-your-business-from-a-cyber-attack-in-2019/

https://security.berkeley.edu/resources/best-practices-how-to-articles/top-10-secure-computing-tips

www.ingramcontent.com/pod-product-compliance
Lightning Source LLC
Chambersburg PA
CBHW050643190326
41458CB00008B/2400